GOTIK AM MAINZER DOM
DIE KAPELLENANBAUTEN DER NORDSEITE

NEUE FORSCHUNGEN ZUM MAINZER DOM

Herausgegeben von
Domdekan Heinz Heckwolf

im Auftrag des
Bischöflichen Domkapitels Mainz
Bd. 1

ELMAR ALTWASSER, BIRGIT KITA, JÖRG WALTER
GOTIK AM MAINZER DOM
DIE KAPELLENANBAUTEN DER NORDSEITE

DIE NEUEN FORSCHUNGEN ZUM MAINZER DOM – VORWORT

Die systematische Sanierung des Mainzer Doms begann am 05. März 2001 mit der Einrüstung des nordöstlichen Flankenturms. Das Domkapitel hatte beschlossen, die Sanierung in 15 Jahren in mehreren Abschnitten vorzunehmen. Der erste Abschnitt war der nordöstliche Flankenturm, die Musterachse. In diesem Zusammenhang machte Prof. Dethard von Winterfeld, damals Ordinarius für Kunstgeschichte an der Johannes Gutenberg-Universität Mainz, darauf aufmerksam, dass es bei bisherigen Sanierungen keine Bauforschung gab. Er selbst führte gemeinsam mit Prof. Emil Hädler, seinem Kollegen von der Fachhochschule Mainz, erste Bauforschungsmaßnahmen am nordöstlichen Flankenturm durch, gefördert durch das Land Rheinland-Pfalz. Es handelte sich im Wesentlichen um händische Bauaufnahmen durch Studentinnen und Studenten beider Institutionen, unterstützt von Mitarbeiterinnen und Mitarbeitern der Dombauhütte Mainz. Die gleiche Kooperation von Universität und Fachhochschule bearbeitete in den Jahren 2003/2004 den südöstlichen Flankenturm und die Ostapsis, ebenso wurde das Mauerwerk unter den Seitenschiffdächern aufgemessen und gezeichnet.

2007 vergab das Domkapitel die bauhistorische Untersuchung an das „Freie Institut für Bauforschung und Dokumentation e.V. in Marburg (IBD)". Seit diesem Zeitpunkt begleitet das IBD Marburg die Sanierungsarbeiten am Mainzer Dom. Plangrundlage für die Arbeiten des IBD sind die Photogrammetrien und Pläne, die das Domkapitel bei der „Gesellschaft für Bildverarbeitung, Vermessung und Dokumentation mbH (gbvc)" in Auftrag gegeben hat. Diese Pläne sind sowohl Grundlage für die Bauforschung als auch unentbehrliches Arbeitsmaterial für Dombauamt und Dombauhütte bei der Restaurierung des Doms.

Gefördert durch die Stiftung Hoher Dom zu Mainz hat PD Dr. Ute Engel in den Jahren 2011/2012 ein Forschungsprojekt zum gotischen Mainzer Dom entwickelt und durchgeführt. Dadurch angeregt wurde das IBD Marburg mit der Dokumentation der gotischen Kapellenanbauten der Nordseite beauftragt. Daraus hat sich nun dieser erste Band der neuen Forschungsreihe ergeben. Einer Reihe, die sich Zug um Zug mit vielen weiteren Aspekten des Mainzer Doms beschäftigen wird.

Heute steht fest: Die Bauforschung am Mainzer Dom hat sich gelohnt und lohnt sich auch weiterhin. Bisher liegen interessante Ergebnisse vor. Zu den wichtigen neuen Erkenntnissen gehören, die jetzt vorliegenden Befunde über die gotischen Seitenkapellen der Nordseite.

Ohne die Autoren vom IBD Marburg, namentlich Elmar Altwasser und Ulrich Klein, vom Bischöflichen Dom- und Diözesanmuseum Mainz, Birgit Kita, und von der Dombauhütte Mainz, Jörg Walter, wäre dieser Band nicht möglich gewesen. Dafür danke ich sehr. Maßgeblich beigetragen hat daneben Tobias Janz von der Dombauhütte Mainz durch seinen Rekonstruktionsvorschlag der Nordfassade und die Betreuung des Planbestands im Dombauamt. Ohne die Neuaufnahmen des Frankfurter Fotografen Marcel Schawe und die großzügige Unterstützung durch umfangreiches Bildmaterial durch Dr. Sabine Bengel (Straßburg), Jean-David Touchais (Straßburg) und Dr. Klaus Hardering (Köln) hätten die neuen Forschungen dieses Bandes nicht dieselbe Aussagekraft. Auch die Stiftung Hoher Dom zu Mainz hat den Band durch die Aufnahmen von Martin Blume und Bernd Radtke bereichert. Die Unterstützung durch den Direktor des Bischöflichen Dom- und Diözesanmuseums Mainz, Dr. Winfried Wilhelmy, bei diesem Band, aber auch der Planung der Reihe, war entscheidend. Für das Layout und den Entwurf des Reihencovers danken wir gutegründe GbR Frankfurt, Catherina Müller-Scheessel und Thomas Hutsch. Nicht zuletzt wäre die Reihe und dieser erste Band ohne den Verlag Schnell & Steiner, Regensburg, und hier vor allem Dr. Albrecht Weiland und Elisabet Petersen nicht realisierbar gewesen.

Domdekan Heinz Heckwolf

BIRGIT KITA, JÖRG WALTER

DER MAINZER DOM IN BAUGESCHICHTE UND GESTALT – THEMATISCHE EINFÜHRUNG

BIRGIT KITA, JÖRG WALTER
DER MAINZER DOM IN SEINER HEUTIGEN GESTALT

◀ **Abb. 1**
Mainz, Dom St. Martin und St. Stephan, Luftbild mit Leichhof und Markt

Der hohe Dom zu Mainz ist bis heute der Mittelpunkt der Stadt und ihr weithin sichtbares Wahrzeichen **(Abb. 1)**. Seit seiner Entstehung unter Erzbischof Willigis hat er bis heute ein wechselvolles Schicksal durchlebt, gezeichnet von verschiedenen Bränden – der dramatischste ist sicher der große Brand am Tag vor seiner ersten Weihe im Jahre 1009 – und den kulturgeschichtlichen und politischen Umständen seiner Zeit. So wurden seine Mauern anschauliche Zeugen der Politik, Kunst und Kultur seiner über 1000-jährigen Geschichte.

Erzbischof Willigis begann seinen Domneubau auf einem neuen Bauplatz in der direkten Nachbarschaft zum alten Dom. In Mainz wurde also nicht, wie es in den meisten anderen Domstädten und bei zahlreichen anderen Kirchenneubauprojekten der Fall war, das Alte sukzessive überbaut. Sondern der alte Dom blieb zunächst in seinen Funktionen als Kathedralkirche vollständig erhalten und sollte später dann neue Aufgaben übernehmen. Der „Neubau war nicht erforderlich aufgrund pastoraler oder seelsorglicher Überlegungen, sondern er war konzipiert als Staatsdom, als sichtbares Symbol des Imperiums und der Bedeutung der Mainzer Kirche als zweites Rom."[1] Er ist Zeichen des Anspruchs, den Mainz und der »Heilige Stuhl von Mainz«[2] erheben, vielleicht auch Ausdruck eines Bedeutungszuwachses unter dem mächtigen Erzbischof Willigis und der unter seiner Regentschaft erreichten Konsolidierung der kirchlichen und weltlichen Vormachtstellung der Mainzer Erzbischöfe im Reich. Willigis entschied sich „zu einer völlig neuen, von der bisherigen Bautradition unbeeinflussten Lösung […], als er den Bau auf bisher kirchlich nicht genutztem Boden vorantrieb".[3] Der Dom in seiner heutigen Gestalt spiegelt dabei immer noch die Dimensionen, die bereits von Willigis angelegt worden sind. Allein der Anbau der gotischen Seitenkapellen, die ab 1279 auf der Nordseite und im 14. Jahrhundert auf der Südseite dem Langhaus angegliedert wurden, bedeutet eine wesentliche Vergrößerung und bislang die letzte wirkliche Umgestaltung des Baus. Spätere Jahrhunderte beschränken sich auf die Neugestaltung der Ausstattung und der liturgi-

Der Mainzer Dom in seiner heutigen Gestalt

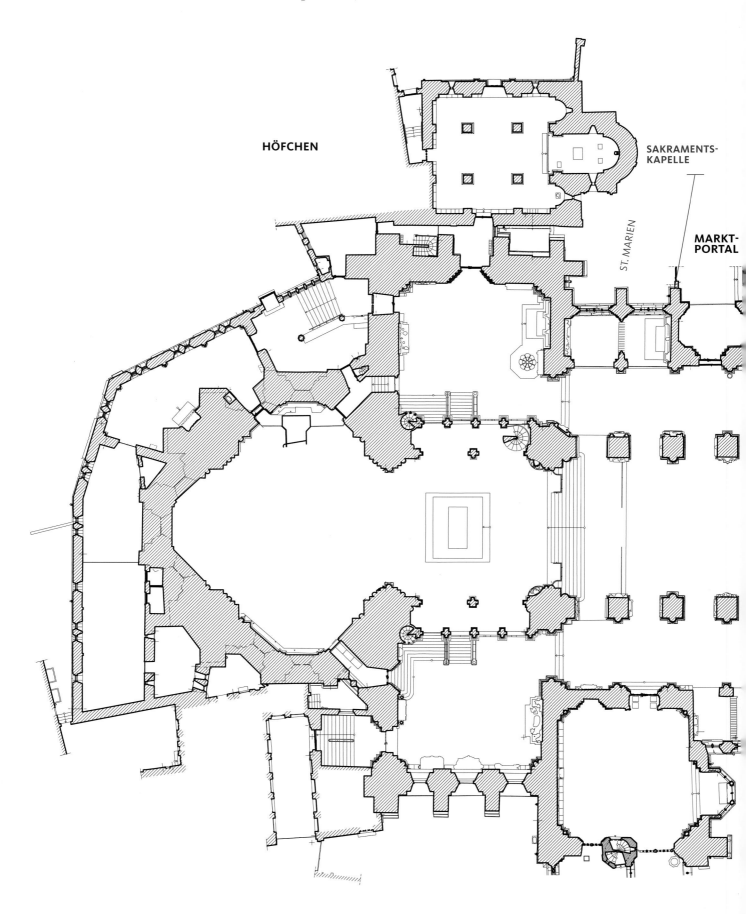

Der Mainzer Dom in seiner heutigen Gestalt

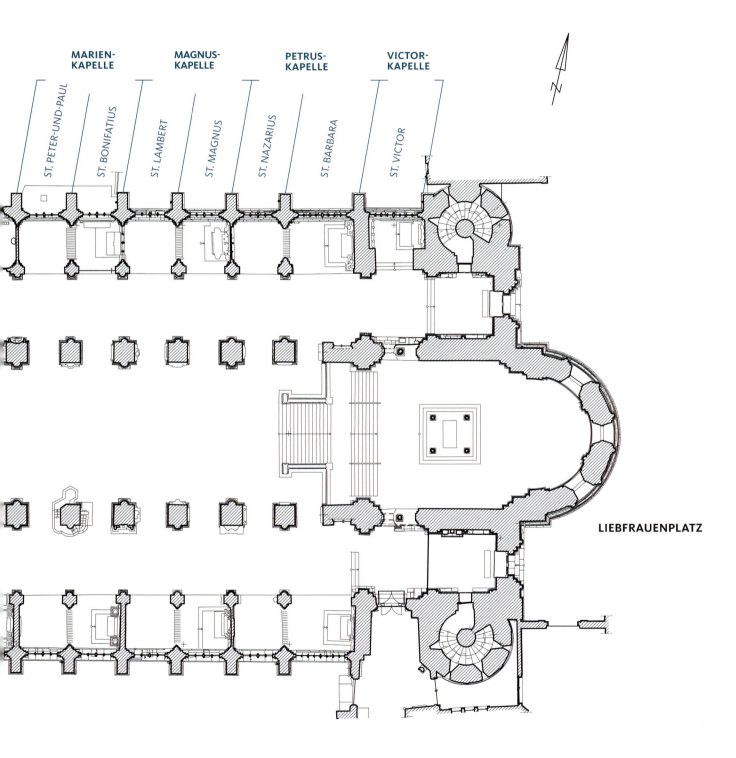

schen Orte – hier wäre vor allem der Abbruch der beiden mittelalterlichen Lettneranlagen in der Zeit des Barock zu nennen – beziehungsweise auf die Wiederherstellung des Doms nach Brand oder Verwüstung. So ist der Mainzer Dom – wie viele andere Kirchen und Dombauten auch – im Laufe seiner Geschichte stets modernisiert und den Bedürfnissen – auch den Repräsentationsbedürfnissen – angepasst worden und spiegelt dadurch bis heute auch den Machtanspruch des Mainzer Stuhls.

Das ursprüngliche „Symbol politischer und geistlicher Macht in einer christlich strukturierten Welt, hat sich [dabei] in den letzten zweihundert Jahren zum lebendigen Mittelpunkt der Menschen des Mainzer Bistums entwickelt".[4] Das Bauwerk selbst lässt ebenso wie die Reihe der Grabmäler, die die Sukzession der Mainzer Erzbischöfe und Bischöfe seit dem 13. Jahrhundert in eindrucksvoller Weise dokumentiert, „eine große und bedeutende Tradition lebendig bleiben".[5]

Der Dom St. Martin und St. Stephan zu Mainz ist spätestens seit der Mitte des 19. Jahrhunderts nicht mehr nur Mittelpunkt der Stadt und Zentrum des religiösen Lebens im Bistum Mainz, sondern auch im Blickpunkt kunsthistorischer Forschung. Es mag paradox erscheinen, an den Beginn eines Bandes zu einem bereits viel besprochenen Bau zunächst eine allgemeine Baubeschreibung zu stellen. Uns erschien es umso wichtiger, da in vielen Publikationen das heutige Aussehen des Baus in den Hintergrund tritt. Der vorliegende Band ist der erste Band zur Reihe "Neue Forschungen zum Mainzer Dom" – einer Reihe, die Schritt um Schritt alle Teile des Bauwerks beleuchten soll. So ist die Beschreibung seines Aussehens notwendige Grundlage und zugleich Sehhilfe für das Folgende.

Mit dem Neubau des Mainzer Doms durch Erzbischof Willigis (975–1011), dem nach Bonifatius wohl bedeutendsten Erzbischof auf dem Mainzer Stuhl, „[...] wurden völlig neue Maßstäbe gesetzt. Als erster unter den oberrheinischen Domen erhielt der Mainzer damals bereits seine heutigen Größendimensionen."[6] Willigis hatte ganz offenbar bewusst das Vorbild von Alt-St. Peter in Rom für seinen Dom gewählt. Auch wenn die Gestalt des Willigis-Doms in seinen Ost- und Westabschlüssen bis heute nicht vollständig geklärt ist, steht fest, dass vor allem das ursprünglich noch weiter ausladende westliche Querhaus und damit auch die Westung des Doms einen deutlichen Bezug zur alten Peterskirche in Rom erkennen lassen.

Die Gestaltung der Ostteile mit dem hier vorgelagerten Atrium und einer als Eingang errichteten Marienkirche weisen ebenso deutlich nach Rom.[7]

Im Grundriss **(Abb. 2)** zeigt sich der Mainzer Dom als dreischiffige, doppelchörige Anlage zu fünf Jochen im Mittelschiff und zehn Jochen in den beiden Seitenschiffen. Im Norden und Süden wird das Langhaus durch je eine Reihe von Kapellen erweitert. Im Westen findet sich ein mächtiges Querhaus, dessen Arme im Norden und Süden das Quadrat der ausgeschiedenen Vierung annähernd wiederholen. Den westlichen Abschluss bildet ein auf die Vierung folgender Trikonchos aus Chorquadrat und daran anschließenden polygonal gebrochenen Abschlüssen auf seinen drei Seiten. Im Osten findet sich ein nicht über die Flucht der Seitenschiffe hinaustretender Querriegel mit jeweils vor der Stirn liegendem rundem Treppenturm. Die Mitte dieses nur wenig tiefen Querriegels nimmt das Chorjoch, das nach Westen ins Langhaus hinein zum Quadrat erweitert ist, ein. Es wird von einer großen halbrunden Apsis nach Osten hin abgeschlossen. Kleine quadratische Joche in den Seiten des Querriegels bilden eine Art Oratorien. Die Kapellenreihe der Nordseite ist zwischen den östlichen Treppenturm und dem Westquerhaus eingespannt. Heute sind es im Norden fünf Kapellen – ursprünglich waren es von Osten beginnend zwei größere Kapellen und nach Westen folgend fünf kleinere, die dann die Breite der Seitenschiffsjoche aufnahmen. Die westliche Kapelle erstreckte sich von Beginn an über zwei Joche. Zwischen dieser zweijochigen Kapelle, die direkt vor dem Westquerhausarm liegt und heute als Sakramentskapelle dient, und der vierten Kapelle von Osten, der heutigen Marien-Kapelle, liegt das Hauptportal des Doms zum Markt hin. Auf der Südseite waren es ursprünglich sieben Kapellen. Hier sind die Kapellen im Anschluss an die Memorie, die vor dem Südwestquerhausarm angeordnet ist und dem östlichen Kreuzgangflügel platziert. Der Anbau der Kapellenreihen auf beiden Seiten des Langhauses folgte einer „veränderten Frömmigkeit und dem Wunsch von Adel und Patriziat, sich in den Kapellen vor den dortigen Altären bestatten und Privatmessen feiern zu lassen".[8]

Im Äußeren zeigt sich der Mainzer Dom als langgestreckter Bau, der sich am besten zunächst von seiner Ostseite her erfassen lässt **(Abb. 3)**. Der schon im Grundriss in Erscheinung getretene Querriegel zeigt sich im Äußeren als monumentale geschlossene Wand zu beiden Seiten des risalitartig vor die

◂◂ **Abb. 2**
Mainz, Dom St. Martin und St. Stephan, Grundriss mit den ursprünglichen und den heutigen Kapellennamen

◂ **Abb. 3**
Mainz, Dom St. Martin und St. Stephan, Ansicht von Osten

▶ **Abb. 4**
Mainz, Dom St. Martin und St. Stephan, Ansicht von Norden

▶ **Abb. 5**
Mainz, Dom St. Martin und St. Stephan, Ansicht von Südwesten

Flucht tretenden, hoch aufragenden, übergiebelten Chors. Der Giebel ist von einer Rundbogenstaffel gegliedert und von seitlichen Lisenen eingefasst. Die seitlich vor den Stirnwänden des Querriegels stehenden runden Treppentürme bilden zusammen mit dem achtseitigen Chorturm eine prächtige Dreiturmgruppe, deren oberste Geschosse jeweils durch rundbogige Galerien geöffnet und von steilen Turmhelmen abgeschlossen sind. Die Ostfassade bildet auch heute noch die Schauseite zum Fischmarkt hin und darf als einzige Fassade frei von Umgebungsarchitektur wirken. Die Ostfassade lässt mit bloßem Auge unterschiedliche Materialien und Techniken erkennen, sodass die einzelnen Bauphasen vom 11. bis ins frühe 20. Jahrhundert geschieden werden können. Über den beiden ädikulaartig gerahmten, rundbogig geschlossenen Ostportalen in den seitlichen Mauern des Querriegels sowie in den unteren vier Geschossen der Treppentürme zeigt sich das kleinteilige Mauerwerk des frühen 11. Jahrhunderts, in dem jeweils zwei schießschartenartige Öffnungen verortet sind. Darüber wandelt sich das Erscheinungsbild der Wand in ein nahezu fugenlos gearbeitetes Quadermauerwerk. Jeweils relativ kleine Rundbogenfenster gliedern diesen Teil des Baus, während sonst keinerlei Bauzier mehr vorhanden ist. Die Bauzier konzentriert sich auf die vor dem Chor liegende Apsis und den darüber liegenden Chorgiebel. Über dem mächtigen Sockel der halbrunden Apsis erhebt sich eine monumentale Blendbogengliederung, die in jedem zweiten, etwas erhöhten Bogenfeld durch große, reich gegliederte Rundbogenfenster geöffnet ist. Nur über dem nordöstlichen Fenster zeigt der Blendbogen eine opulente Bauzier. Den oberen Abschluss der Apsis bildet eine Zwerggalerie auf kurzen Säulchen, die auf attischen Basen stehen und mit nur zum Teil zur Ausführung gekommenen, reich verzierten Würfelkapitellen abgeschlossen sind. Durch ihre über dem leicht geböschten Sockel eingeschossige Blendbogengliederung und der Form der Zwerggalerie mit einzelnen kleinen Tonnengewölben zwischen radial verlaufenden Kämpfern gibt sich die Mainzer als Nachfolgerin der Speyerer Apsis zu erkennen.

Die Nordseite des Langhauses **(Abb. 4)** ist im unteren Bereich nahezu vollständig durch die barocken Markthäuser verstellt, sodass lediglich der Obergaden zur Wirkung kommt. Die paarig zusammengerückten Obergadenfenster lassen das Gewölbe im Inneren erahnen. Sie werden in einzelne, durch Bogen-Lisenengliederungen getrennte Abschnitte, die die Jochbreite des Innenraums abbilden, gegliedert. Das Hauptportal des Doms ist bis heute das zum Markt hin gelegene Willigis-Portal, das nach 1767 von einer großen, rundbogig geschlossenen Portalvorhalle mit rocaillegeschmückter Kartusche im Bogenscheitel überfangen wurde. Der nordwestliche Querhausarm tritt wuchtig über die Flucht des östlichen Querriegels hinaus und bildet mit seinen massiven Strebepfeilern an seinen

◀ **Abb. 6**
*Mainz, Dom St. Martin
und St. Stephan,
Langhaus nach Westen*

▲ **Abb. 7**
*Mainz, Dom St. Martin
und St. Stephan,
Blick in das nördliche
Seitenschiff nach Osten*

Kanten und in der Mitte der Querhausstirn einen Gegenpol zur Ostgruppe. Die Querhausstirn zeigt ein vielgestaltetes Bild. Sie ist durch ein großes Radfenster in der Mitte und mehrere Reihen von Blendarkaden sowie zwei Rundbogenfenster im Giebel gegliedert.

Der bereits im Grundriss als Trikonchos in Erscheinung tretende Westbau **(Abb. 5)** zeigt im Äußeren ähnliche Formen wie die nördliche Querhausstirn und belegt dadurch seinen baulichen Zusammenhang. Reicher sind die Abschlüsse der einzelnen Konchen gestaltet. Hier finden sich neben den schon bekannten Rundbogenfriesen noch ein Plattenfries und eine Zwerggalerie nach niederrheinischem Vorbild. Die Kanten der polygonal gebrochenen Abschlüsse des Trikonchos sind mit Strebepfeilern besetzt. Die Zwickel dazwischen sind gefüllt, sodass hier oberhalb der Zwerggalerien schlanke Treppentürme aufsitzen können. Den oberen Abschluss der Türmchen bilden kleine Laternen, deren Gestalt sich im Vierungsturm vergrößert wiederfindet. Der dreigeschossige Vierungsturm besitzt eine zweigeschossige Laterne mit abschließender steil aufragender Vase und ist geradezu überreich durch Bogenstaffel, Zwillingsgalerien und Spitzbogenfenster gestaltet. Die südliche Querhausstirn stimmt mit dem Gesamtbild der Westgruppe überein.

Im Inneren **(Abb. 6, 7)** zeigt sich der Mainzer Dom im gebundenen System, bei dem zwei der Joche der Seitenschiffe einem Langhausjoch entsprechen. Diese Gliederung spiegelt sich im Stützenwechsel der Arkaden, bei dem jeder zweite der quadratischen Pfeiler zum Mittelschiff hin durch eine Halbsäulenvorlage betont ist. Die Mittelschiffsjoche werden durch mächtige Rippengewölbe überspannt; im Seitenschiff sind es Kreuzgratgewölbe zwischen sichelförmigen Gurtbögen. Die Sargwände des Langhauses nehmen unterhalb der rundbogigen Obergadenfenster Blendbögen auf, die durch großformatige Bilder mit Szenen aus dem Leben Jesu gestaltet sind. Feine Profile schließen dabei die Arkaden und die Blendbögen der Sargwand geschossübergreifend zusammen. Ost- und Westchor sind erhöht. Über der westlichen Vierung und dem östlichen Chorjoch erhebt sich jeweils ein nach innen offener Turm.

1 Decot 2011, S. 27. **2** Decot 2011, S. 27: „»Heiliger Stuhl von Mainz, besondere Tochter der römischen Kirche« ist ein alter Ehrentitel, der auf die Rangordnung und herausragende Bedeutung des Mainzer Erzbistums und Metropolitansitzes hinweist. [...] so enthält die Bezeichnung »Heiliger Stuhl von Mainz« das Bewusstsein, nach Rom im Gefüge der Reichskirche eine herausragende Stellung einzunehmen. Der Anspruch der in diesem Titel greifbar wird, findet Stein gewordenen Ausdruck im neuen Dom des Mainzer Erzbischofs Willigis. Der Mainzer Dom ist nicht nur ein schönes Gebäude und eine kunstgeschichtlich bedeutsame Kirche, sondern die Manifestation der herausragenden Stellung der Mainzer Kirche." **3** Decot 2011, S. 27. **4** Decot 2011, S. 42. **5** Decot 2011, S. 42. **6** Von Winterfeld 2000, S. 120. **7** Decot 2011, S. 27. Von Winterfeld 2011, S. 45. **8** Von Winterfeld 2011, S. 82. Vgl. auch Decot 2011, S. 35.

BIRGIT KITA, JÖRG WALTER
ALLGEMEINE BAUGESCHICHTE

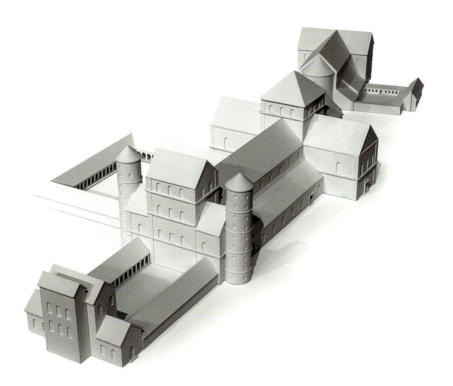

◄ Abb. 1
Mainz, Dom St. Martin und St. Stephan, Modell des Willigis-Baus, Bischöfliches Dom- und Diözesanmuseum Mainz

Die Gestalt und Baugeschichte des Doms ist zwar in vielen Teilen sicher belegt und ablesbar, birgt aber noch viele Fragen, denen sich die Forschung in Zukunft noch annehmen könnte oder sollte. Ebenso wie es zurzeit im „Alten Dom", der heutigen Johannis-Kirche ständig neue Entdeckungen und Überlegungen zur Baugeschichte gibt, birgt auch der Dom St. Martin und St. Stephan bei genauer Betrachtung nach wie vor viele Geheimnisse. Erzbischof Willigis beginnt wahrscheinlich kurz nach seiner Ernennung um 975 mit dem Domneubau.[1] Die Nähe zum Rhein und der daraus resultierende morastige Baugrund könnten eine Gründung auf Pfahlrosten wahrscheinlich machen, wenngleich bis heute kein einziges datiertes Holz aus dieser frühen Zeit gefunden worden ist.[2] Bei der Fundamentsicherung im frühen 20. Jahrhundert wurden alle Hölzer entfernt und ohne nähere Untersuchung verstreut. Da auch kein archäologischer Fundamentplan gezeichnet wurde, sind die noch vorhandenen Hölzer heute nicht mehr zuzuordnen. Die genaue Gestalt des von Willigis geschaffenen Baus lässt sich heute nur mehr bedingt oder gar nicht rekonstruieren **(Abb. 1)**. Der erste Bau war möglicherweise eine Säulenbasilika, deren westliches Querhaus die Ausdehnung des heutigen Querhauses noch überschritt. Hier könnte eine genaue Untersuchung der spärlich unter dem Dom erhaltenen Fundamente möglicherweise Aufschluss geben. Historisch belegt ist, dass der Dom am Vorabend der Weihe im Jahre 1009 abbrennt und Willigis den Wiederaufbau zu seinen Lebzeiten nicht mehr vollenden kann.[3] Erst etwas mehr als ein Vierteljahrhundert später konnte Erzbischof Bardo am Vorabend des Festes des Hl. Martinus am 10. November 1036 die Weihe vollziehen.[4] Ein erneuter Brand 1081 hat dann wieder größere Baumaßnahmen, deren Chronologie bis heute nicht vollständig geklärt ist, zur Folge. Mit Unterstützung Heinrichs IV. entsteht sicher die Ostseite mit den beiden seitlichen Portalen und der Apsis neu. Das bauplastische Programm vor allem an den Kapitellen der Zwerggalerie kann wegen des unerwarteten Todes des Kaisers nicht mehr in Gänze ausgeführt werden.[5] Mit dem Ostbau oder kurz danach entsteht auch das Langhaus neu, wie es die

▲ Abb. 2
Mainz, Dom St. Martin und St. Stephan, zweigeschossiger Kreuzgang im Süden des Doms

Pfeiler und vor allem die Basen der Pfeiler deutlich zeigen.[6] Der Stützenwechsel und das gebundene System belegen ebenso wie die paarig zusammengerückten Fenster des Obergadens, dass wohl von Beginn des Umbaus an eine Einwölbung des Mittelschiffs geplant gewesen ist, wohl aber nicht zur Ausführung kam.[7] Ein Bauholz, das im Jahre 2001 am östlichen Querriegel gefunden und auf 1125/26 datiert wurde, belegt, dass auch der Ostbau damals noch nicht vollendet war, weshalb die zeitliche Abfolge des Bauverlaufs von Langhaus und von Teilen der Ostpartie noch Anlass zur Diskussion geben.[8] Man könnte also folgern, dass Ostteile und Langhaus Zug um Zug in der Zeit zwischen 1106 und 1137 entstanden sind.

Um 1200 setzt erneut Bautätigkeit am Dom ein. Die bis dahin noch bestehenden westlichen Teile des Willigis-Bardo-Doms wurden abgebrochen, und man errichtete das westliche Querhaus mit dem Vierungsturm und das westliche Chorquadrat mit dem umgebenden Trikonchos neu. Zudem wurden in dieser Zeit auch die Seitenschiffsaußenmauern erneuert und die Rippengewölbe des Mittelschiffs eingezogen. Diese aufwendige Baumaßnahme wurde mehrmals unterbrochen und erfuhr auch einige Planänderungen, von denen manche bei der Sanierung der Nordkonche zu Tage getreten sind.[9] Andere müssten am Bau noch genauer betrachtet und verifiziert werden. Diese letzte romanische Bauphase des Doms findet ihren Abschluss mit der Weihe am 4. Juli 1239 durch Erzbischof Siegfried III. von Eppstein.

Gerade einmal neun Jahre später, im Jahre 1248, beginnt man in Köln mit dem Bau des gotischen Doms, der den vollständigen Verlust des karolingischen Vorgängers bedeutet. Neben neuen liturgischen Bedürfnissen war die Konkurrenz mit Köln sicher ausschlaggebend, als man ab 1279 in Mainz zur Marktseite hin mit dem Bau gotischer Kapellen begann. Da dieser Band in den folgenden Kapiteln eingehend auf die gotischen Kapellen Bezug nimmt, sei an dieser Stelle auf eine nähere Betrachtung verzichtet. Dem Anbau der Kapellen auf Nord- und Südseite von 1279 bis 1319

Allgemeine Baugeschichte

▲ Abb. 3
Dombrand am 22. Mai 1767 vom Höfchen aus gesehen, Öl auf Leinwand, letztes Drittel 18. Jahrhundert, Bischöfliches Dom- und Diözesanmuseum Mainz

folgt der Bau eines gotischen Glockengeschosses auf dem Ostturm im Jahre 1361.[10] Danach sind außer statisch notwendigen Sicherungen am Ostchor (Einbau eines Pfeilers zur Unterstützung des Triumphbogens am Ostchor) keine den Bau prägenden Maßnahmen zu verzeichnen. Erst 1482 erhielt der westliche Vierungsturm sein gotisches Geschoss über den beiden bereits vorhandenen romanischen Geschossen. Der relativ groß erscheinende Zeitraum zwischen 1361 und 1482 täuscht über die in dieser Zeit stattfindenden Baumaßnahmen an den Nebengebäuden des Doms hinweg: 1391–1410 entsteht der zweigeschossige Kreuzgang auf der Südseite des Doms in gotischen Formen neu **(Abb. 2)**.[11]

Der neue Aufsatz auf dem westlichen Vierungsturm scheint zunächst die letzte, auf das Erscheinungsbild des Doms Einfluss nehmende Maßnahme gewesen zu sein, sodass nach 1482 das Äußere unverändert bleibt. Erst in der Folge einer erneuten Brandkatastrophe sind umfangreiche Arbeiten notwendig. Ein Blitzschlag am 22. Mai 1767 hat verheerende Folgen **(Abb. 3)**.[12] Der Dom verlor seinen steil aufragenden Turmhelm auf dem gotischen Geschoss des westlichen Vierungsturms und alle Wimperge und Fialen der Kapellenreihen, die damit, wie im Folgenden noch eindrücklich gezeigt werden wird, ihre Wirkmächtigkeit einbüßten. In Folge der durch den Brand entstandenen Verwüstung entscheidet sich der Architekt und Ingenieurmajor Franz Ignaz Michael Neumann, Sohn des berühmten Würzburger Barockarchitekten Balthasar Neumann, in der Zeit von 1769 bis 1774 zur Ausführung einer Brandschutzmaßnahme der besonderen Art **(Abb. 4)**.[13] Er setzt dem westlichen Querhaus und dem westlichen Chor ein weiteres steinernes Gewölbe über das romanische Gewölbe auf, um darauf die Dachschiefer nageln und damit auf einen hölzernen Dachstuhl verzichten zu können. Aus dem gleichen Grund setzt er allen drei westlichen Türmen steinerne Bekrönungen in den Formen seiner Zeit – jedoch mit Rücksicht auf die am Bau vorhandenen Stilelemente – auf. Diese für seine Zeit sehr zurückgenommene Formensprache

Allgemeine Baugeschichte

◀ Abb. 4
Bernhard Hundeshagen, Mainz, Dom St. Martin und St. Stephan, barocker Umbau durch F. I. Neumann, Stadtarchiv Mainz

◀ Abb. 5
Georg Schneider, Blick auf das brennende Mainz bei der Belagerung von 1793, um 1800, Öl auf Leinwand, GDKE Rheinland-Pfalz, Landesmuseum Mainz

war jedoch schon in den vierziger Jahren des 19. Jahrhunderts als zu barock empfunden worden. Man nahm Dekorationselemente ab und ersetzte zum Beispiel Neumannsche Obelisken durch gotisierende Fialen. Diese im Sinne einer Purifizierung durchgeführte Maßnahme schien dem Domkapitel sehr wichtig, obwohl man sicher genügend andere Aufgaben am Dom zu bewältigen hatte. So hatten die Zeit der französischen Besatzung, während der der Dom zum Teil als Lazarett oder Pferdestall genutzt worden war, und die Belagerung der Stadt durch deutsche Truppen und ihr Beschuss durch die Preußen im Jahre 1793 große Schäden angerichtet **(Abb. 5)**. Die im Osten des Doms stehende Liebfrauenkirche war nicht mehr zu retten, und auch der Dom sollte zum Abbruch freigegeben werden. Erst die Intervention des nach der Neuordnung der deutschen Bistümer inthronisierten Bischofs Josef Ludwig Colmar und des von Napoleon eingesetzten Départementbaudirektors Eustache de Saint-Far bewahrten den Dom.[14] In der Folge musste man in erheblichem Maße substanzerhaltende und rekonstruierende Aufbauarbeit leisten. Notwendig wurden beispielsweise die Rekonstruktion der zerstörten Maßwerkfenster im Erdgeschoss des Kreuzgangs und der Bau der ovalen Kuppel auf dem Ostturm durch Georg Moller im Jahre 1828, die eine neue Bedachung des seit dem Beschuss offenstehenden Ostturmes bildete **(Abb. 6)**. Nicht einmal drei Jahrzehnte bleibt es bis etwa 1870 baulich etwas ruhiger am Dom. Die Mollersche Kuppel schien zu schwer und den Ostbau statisch zu belasten. Sie wurde zusammen mit den Turmaufbauten der östlichen Treppentürme sowie dem Stützpfeiler im Ostchor abgebrochen. Ab 1873 erneuert Peter Cuypers die Turmabschlüsse im Sinne des Historismus in romanischen Formen. Dies war die letzte maßgebliche Veränderung des Doms in seinem äußeren Erscheinungsbild.[15]

Noch einmal geriet der Dom in Gefahr: Die Rheinregulierung des 19. Jahrhunderts hatte eine Senkung des Grundwasserspiegels zur Folge, wodurch die Pfahlrostgründung verrottete und nicht mehr tragfähig war. Es drohte der Abriss wegen Baufälligkeit. Glücklicherweise konnte aber der Dom durch aufwendige Unterfangungsarbeiten in mehreren Kampagnen von 1908 bis 1928 gesichert und gerettet werden.[16] Vieles wurde dabei zerstört. In den damals angelegten Arbeitsgängen zwischen den neuen Betonfundamenten sind in den vorhandenen mittelalterlichen Fundamentresten jedoch noch Bauabfolgen und Baunähte ablesbar, die wiederum Rückschlüsse auf Bauabläufe im aufgehenden

Allgemeine Baugeschichte

◄◄ **Abb. 6**
Mainz, Dom St. Martin und St. Stephan, Ansicht von Südwesten mit Moller-Kuppel auf dem Ostturm, vor 1870

► **Abb. 7**
Mainz, Dom St. Martin und St. Stephan, Blick auf die Nordseite nach 1945

► **Abb. 8**
Mainz, Dom St. Martin und St. Stephan, Ansicht der Rheinseite

Mauerwerk zulassen könnten. Hier wie dort zeigt sich, dass längst nicht alle Fragen zur Baugeschichte beantwortet sind, sondern sich bei genauerem Hinsehen auch wieder neue Fragen auftun.

Der Zweite Weltkrieg und vor allem die schwerste Bombardierung der Stadt am 27. Februar 1945 ließen auch den Dom nicht unbeschadet (**Abb. 7**). Zwar hielten die steinernen Dachstühle Neumanns wiederum Stand, jedoch wurden die Dächer des Langhauses und der Seitenschiffe durch das von Brandbomben verursachte Feuer zerstört. Außer hitzebedingten Schäden am Mauerwerk gab es am Dom selbst keine substanzgefährdenden Verluste. Ein kleines Wunder, zieht man in Betracht, dass nördlich und südlich des Doms die Markthäuser und auch der Domkreuzgang durch Sprengbomben fast vollständig zerstört waren. Dieser Band zeigt, wie wichtig die begleitende Bauforschung ist. Die direkte in Augenscheinnahme auf dem Gerüst am Bauwerk selbst und die interdisziplinäre Zusammenarbeit von Geistes- und Naturwissenschaftlern sowie Handwerkern aller Gewerke bietet die Gelegenheit, alte Fragen zu beantworten und neue zu stellen.

1 Schneider 1886, S. 8. Von Winterfeld 2000, S. 120. **2** Rüth (Hrsg.) o.J., S. 7. Von Winterfeld 2011, S. 45: Von Winterfeld sieht eine Pfahlgründung des Willigis-Baus eher kritisch und führt für die frühe Zeit mächtige Fundamentbankette unterhalb des Langhauses an. „Die Darstellung in den Plänen und ein damals gefertigter Querschnitt unmittelbar vor dem Ostchor in Höhe der Nassauer-Kapelle belegen eindeutig, dass die dichten Pfahlgründungen, die in der Literatur oft angesprochen werden, sich nur unter den jüngeren Fundament-Verstärkungen und den Fundamentzügen des 12. und 13. Jahrhunderts (für die Kapellen) befanden, nicht jedoch unter den Fundamenten des Willigis-Doms. Leider kannte man bei der Ausgrabung noch nicht die Methode der Dendrochronologie, sodass die geborgenen Pfähle vernichtet wurden, vielleicht bis auf einen kleinen Rest." Die Pfahlgründungen unter den jüngeren Bauabschnitten des Mainzer Doms sind gesichert, eine Pfahlgründung auf dem morastigen Baugrund des neuen Doms ist heute nicht mehr nachzuweisen. **3** Arens 1982, S. 23. **4** Schneider 1886, S. 14. **5** Arens 1982, S. 29. **6** Von Winterfeld 2000, S. 122. **7** Von Winterfeld 2000, S. 122. **8** Muth / Krausch (Hrsg.) 2010, S. 16. **9** Die baubegleitende Untersuchung der Fachhochschule Architektur (Prof. Emil Hädler) in Kooperation mit dem Institut für Kunstgeschichte (Prof. Dr. Dethard von Winterfeld) haben an dieser Stelle interessante Befunde aufgedeckt und kartiert, deren Veröffentlichung noch aussteht. **10** Schneider 1886, S. 36. **11** Schneider 1886, S. 39. **12** Schneider 1886, S. 37. Von Winterfeld 2000, S. 125. **13** Schneider 1886, S. 49. **14** Arens 1982, S. 11. **15** Arens 1982, S. 76. **16** Rüth (Hrsg.) o. J., S. 21 f.

ELMAR ALTWASSER
DIE GOTISCHEN SEITENKAPELLEN DER NORDSEITE

ELMAR ALTWASSER
DIE GOTISCHEN SEITENKAPELLEN DER NORDSEITE

Jahrhunderte lang war die zwischen dem östlichen Querriegel und dem westlichen Querhaus eingespannte Nordfassade des Langhauses die Hauptschauseite des Mainzer Doms. In der Zeit der Gotik wurde sie völlig umgestaltet und durch den Anbau von sieben durch Maßwerkvorhänge voneinander getrennte Kapellen zwischen dem Ostbau und dem Marktportal sowie einer achten, jüngeren Kapelle zwischen Marktportal und Westquerhausarm modernisiert. Mehrbahnige, monumentale Maßwerkfenster, die von steilen Wimpergen und hoch aufragenden Kreuzblumen noch überhöht wurden, sowie die durch Fialen bekrönten Strebepfeiler prägten fortan das Bild. Mehr als 22 m, fast bis zur Traufe des Obergadens überragte die Fassade reich gegliedert den nördlich vor dem Dom liegenden Marktplatz. Die zuerst nur eingeschossigen Verkaufsbuden auf der Marktseite des Doms ließen die Fassade zunächst auch voll zur Wirkung kommen. Es muss ein beeindruckend modernes Bild gewesen sein. Erst im Laufe des 18. Jahrhunderts wurden vermehrt zweigeschossige, massive Häuser mit Mansarddach vor der Nordfassade errichtet, sodass diese nun mehr und mehr verdeckt erschien.

Am 22. Mai 1767 schlug ein Blitz in den Westturm des Doms ein. Ein verheerender Brand griff auch auf die Nordseite des Doms und hier auf die Kapellen über. Er vernichtete die bis dahin so eindrücklich wirkende Fassade. Mit der anschließenden notwendigen Restaurierung wurde der Architekt und Werkmeister Johann Valentin Anton Thomann beauftragt. Er entschloss sich, die Wimperge und Fialen abzubrechen und durch das heutige horizontale Abschlussgesims mit seinen vasenartigen Aufsätzen auf den Strebepfeilern in barocker Gestaltung zu ersetzen. Zwar hatte Thomann die Maßwerkfenster, die offensichtlich vom Brand nicht in Mitleidenschaft gezogen worden waren, nicht angetastet, aber die Reduzierung der Fassadenhöhe durch Abbruch der Wimperge um mehr als acht Meter hat ihr die ursprüngliche Monumentalität genommen und die mehrgeschossige Bebauung zum Markt hin, wie sie auch heute noch existiert, tut ein Übriges, diese früher so bedeutende gotische Fassade zu verstecken.

Beides, die teilweise Zerstörung der Fassade nach dem Brand im 18. Jahrhundert sowie ihr Dasein im Schatten der heutigen Bebauung, hat dazu geführt, dass sich die kunst- und architekturgeschichtliche Forschung des 20. Jahrhunderts kaum mit ihr beschäftigte. Weder wurde bislang die Bedeutung dieser Kapellenreihe, die im Wesentlichen zwischen 1279 und 1291 errichtet wurde, im Verhältnis zur Errichtung des hochmodernen Kölner Domchores und der innovativen Westfassade des Straßburger Münsters herausgearbeitet, noch wurde analysiert, inwieweit die in Mainz geschaffenen Innovationen auf andere Bauten, insbesondere auch im Mainzer Erzbistum, gewirkt haben.

Die in den letzten Jahren geplanten Restaurierungsarbeiten in diesem Abschnitt des Mainzer Doms sind, wie in den übrigen Bereichen auch, genutzt worden, um die dadurch zugänglichen und freiliegenden architektonischen Befunde zu erfassen und bauhistorisch auszuwerten. Die Dokumentation und Analyse vor Ort wurde auf Grundlage einer detaillierten photogrammetrischen Bestandsaufnahme vom Marburger „Freien Institut für Bauforschung und Dokumentation e.V. (IBD)" von November 2011 bis Oktober 2012 durchgeführt und in einem umfangreichen Untersuchungsbericht vorgelegt. Dieser bildet den Ausgangspunkt der vorliegenden Publikation.

Nach der Besprechung der bisherigen Forschungsliteratur zu den Kapellen der Nordseite werden diese kurz allgemein beschrieben, um im Anschluss die Befunde an den Nordkapellen aufzuzeigen. Auf dieser Basis erfolgt dann eine Rekonstruktion der Baugeschichte, die zuletzt von einem Katalog der Kapitelle sowie der Typologie der dokumentierten Steinmetzzeichen ergänzt wird. So entsteht das Bild der Nordfassade vor den Brandzerstörungen und Umbauten im 18. Jahrhundert neu. Zugleich wird die Struktur der Maßwerke analysiert sowie die Fassade architekturhistorisch eingeordnet, um zuletzt zu zeigen, dass die Mainzer Nordfassade eine der herausragenden Architekturen am Mittelrhein im letzten Viertel des 13. Jahrhunderts darstellt und insofern für die Entwicklung der Gotik in Deutschland umfassend neu bewertet werden muss.

ELMAR ALTWASSER
DER FORSCHUNGSSTAND ZU DEN GOTISCHEN TEILEN DES MAINZER DOMS

◄◄ **Abb. 1**
Mainz, Dom St. Martin und St. Stephan, Ansicht von Nordosten

Bereits im 19. Jahrhundert beschäftigte sich die Forschung intensiv mit der Baugeschichte und einer Einordnung des Mainzer Doms in die Kunstgeschichte. Auch die gotischen Teile des Doms wurden dabei in den Blick genommen. Im Jahr 1886 beschreibt der seit 1869 als Dompräpendat am Mainzer Dom tätige Friedrich Schneider in seinem Werk „Der Dom zu Mainz" auch die Kapellen des nördlichen Seitenschiffs.[1] Schneider befasste sich neben seinen geistlichen Aufgaben in zahlreichen Texten intensiv mit der Geschichte und der Kunstgeschichte des Doms und anderer Mainzer Kirchen. In seinem Werk von 1886 ist zum ersten Mal die archivalische Überlieferung zu den gotischen Seitenschiffskapellen zusammengefasst dargestellt[2] und die Architektur beschreibend gewürdigt.[3] Gleichzeitig gibt Schneider den bis dahin erreichten Forschungsstand wieder.

Der Bau der Kapellen wurde nach Schneider unter Erzbischof Werner von Eppstein (1259–1284) begonnen, und zwar im Frühjahr „1279, am 4. März begann der Bau der ersten Capelle, S. Victor, an der Nordseite des Doms"[4]. Aus den Zeilen „[...] inchoata fuit fabrica Capellarum huius ecclesie [...]"[5] einer Urkunde des Jahres 1279 schließt Schneider, dass das Bauprogramm für die gesamte heute bestehende Reihe der Kapellen bereits zu Beginn der Arbeiten im Wesentlichen festgelegt gewesen wäre. Doch ist das Wort „fabrica" mit der „Kirchenfabrik" gleichzusetzen. Damit meint es die Finanzverwaltung und die Bereitstellung der notwendigen Gelder. Die eigentliche Ausführung, also zum Beispiel die tätige Bauhütte, bezeichnete man damals mit „opus". Der „Magister fabricae" ist in erster Linie der Finanzverwalter einer Baumaßnahme, in diesem Fall sicher ein Kleriker des Domkapitels, während der „Magister operis" der Werkmeister ist, der für die praktische Durchführung der Arbeiten sorgte. Damit meint das Zitat eher die Bereitstellung der finanziellen Mittel und weniger die Umstände der Bauausführung.

Noch im selben Jahr 1279 wird die Weihe eines Nazarius-Altars überliefert, der in der dritten Kapelle von Osten stand, während erst im Jahre 1280 die Vermehrung der Einkünfte der größeren Barbara-Kapelle in der zweiten Kapelle von Osten gemeldet wird.[6] Demgegenüber ist die Weihe des Victoraltars in der ersten Kapelle für den 31. Mai 1284 überliefert, während die weiteren nach Westen anschließenden Kapellen in der archivalischen Überlieferung erst einige Zeit später auftreten.[7] Schneider schließt aus den Daten der archivalischen Überlieferung, „wenn doch von der erstgemeldeten Gründungszeit der ganzen Kapellenanlage, 1279, bis zu der spätest erwähnten Consecration, 1291, zwölf Jahre verflossen, so ist, angesichts der stilistischen, wie baulichen Beschaffenheit der inneren und äußeren Architektur der Capellen, kaum Grund vorhanden, für die Bauausführung des neu hinzutretenden Theiles ein so langes Zeitmaß in Anspruch zu nehmen."[8] Zu Recht stellt er fest, dass „[...] andererseits [...] in der Durchführung dieser seitlichen Erweiterungen eine werthvolle Urkunde niedergelegt [ist] für die Umbildung, welche innerhalb des gothischen Stilprincips sich in wenigen Jahrzehnten vollzog, so daß auch vorwärts die Capellenbauten ein wichtiges Zwischenglied der frühen Erzeugnisse rheinischer Gotik und der späteren Entwicklung abgeben"[9]. Damit war Schneider der Zeit weit voraus, denn die Forschung des 20. Jahrhunderts hat dies nie so recht wahrgenommen. In der stilistischen Einordnung der Kapellen schließt sich Schneider noch der älteren Forschung Redtenbachers[10] an und sieht wie dieser einen deutlichen Hinweis auf die Kölner Schule.

Ernst Vetterlein widmet 16 Jahre nach Schneider seine Dissertation den gotischen Teilen des Mainzer Doms.[11] Im ersten Teil seiner Arbeit behandelt er die frühgotischen Bauteile, den Westchor und seine Portale, die Gewölbe des Langhauses sowie den Lettner im Ostchor, während er sich im zweiten Teil seiner Arbeit den hochgotischen Seitenschiffskapellen zuwendet. Er unterscheidet einmal „die Kapellen von 1279"[12] sowie „die Kapellen von 1291 und aus dem XV. Jahrhundert"[13]. Bezogen auf die archivalische Überlieferung etwas verkürzt und nicht ganz zutreffend interpretierend, gibt er die Bauzeit der ersten drei Kapellen mit 1279 an und meint, dass die westlichen, nämlich die Magnus-, Lambertus- und Bonifatius-Kapelle, um das Jahr 1291 erbaut seien.[14] Ob der Bauablauf sich tatsächlich so abgespielt hat, sei zunächst dahingestellt. Wichtig ist seine Aussage: „Dieser zeitliche Abstand findet in den Einzelformen den entsprechenden Ausdruck. Sowohl im Maßwerk wie in den Pfeilern sind die Profile verschieden, während die Gesamtabmessungen die gleichen sind."[15] Tatsächlich ist ab der vierten Kapelle ein Wechsel der Profilierungen festzustellen, ebenso wie nun im Inneren die zum Teil erhaltenen Maßwerkgitter ein neues gestalterisches Element einbringen. Es handelt sich also nicht um einen stilistisch einheitlich realisierten Entwurf. Bei aller Entsprechung der Formen untereinander, vor allen Dingen auch der Maßwerke im Couronnement, bilden die Kapellen keine Einheit, sondern sind „in zwei Gruppen aufzufassen"[16]. Im Folgenden widmet sich Vetterlein der stilistischen Ableitung der Architekturformen der östlichen drei Kapellen. Zunächst kritisierte er Friedrich Schneider, der unter Berufung auf Redtenbacher die Kapellen auf die kölnische Schule zurückführte.

„Ob es gerechtfertigt ist, in dem Baumeister der Kapellen-Reihe einen Jünger der Kölner Bauschule zu vermuten, möchte ich nicht gerade zugestehen. Namentlich ist das offen eingestellte Maßwerk ein Hinweis, dass Einflüsse aus Frankreich (Champagne?) hier nicht fremd geblieben sind."[17] Vetterlein verweist damit auf den in der damals aktuellen kunsthistorischen Forschung festgestellten französischen Einfluss und die Straßburger Hütte, die „in dieser Beziehung lehrreich"[18] sei. Er meint, dass sowohl von dort, als auch von Köln Einflüsse zu erwarten seien, da „Mainz, zwischen beiden liegend, [...] von beiden berührt"[19] wird, und erwähnt als ein Analogon die Katharinenkirche im benachbarten Oppenheim, von der Adamy schreibt: „[...] wie weit sich der Einfluss der Kölner Bauhütte erstreckte, beweist die herrliche Katharinenkirche zu Oppenheim, an deren Chor um 1280 ein Schüler der Kölner Hütte, Heinrich von Koldenbach, als Meister tätig war [...]; indessen, sie zeigt außerdem Verwandtschaft mit dem Münster zu Straßburg, sodass also hier die geographische Lage ihren Ausdruck in den verschiedenen Bauteilen findet."[20] Vetterlein hält fest, dass die Fenstermaßwerke der Mainzer Kapellen durchaus auffällige Ähnlichkeit mit den Fenstern im Langschiff von Oppenheim haben, welches jedoch erst im Jahre 1317 begonnen wurde, dagegen zeige aber die Mainzer Profilierung große Verwandtschaft mit solchen von den älteren, etwa 1280 entstandenen Bauteilen von Oppenheim. Er führt weiter aus, „daß die Profilierung in Mainz und in Oppenheim besondere Verwandtschaft mit der Süddeutschen Schule aufweist"[21]. Als weiteres Bindeglied benennt er noch die Ähnlichkeit mit der Stiftskirche in Wimpfen, die seiner Meinung nach 1278 vollendet war, also ein Jahr bevor die Mainzer Victor-Kapelle gegründet wurde. Als Resümee fasst er seine Untersuchung folgendermaßen zusammen: „Wenngleich also urkundliche Beweise, die jeden Zweifel heben könnten, nicht vorhanden sind, so können wir doch mit großer, durch mehrfache Beweise gestützter Wahrscheinlichkeit annehmen, dass die ersten Kapellen in Mainz in Beziehungen zur Süddeutschen Schule stehen und dass die Verwandtschaftsbeziehungen auch zu der französischen, speziell der Pariser Schule, durch Wimpfen vermittelt worden sind."[22] Vetterlein stellt für die die Kapellen trennenden Maßwerkvorhänge fest, dass sie keinerlei statische beziehungsweise konstruktive Funktion erfüllen, sondern von rein ästhetischer Bedeutung sind. „Es ist wohl darin eine Reminiszenz an die Chorkapellen der französischen Kathedralen oder auch Kölns zu erblicken, die meist zwischen die Strebepfeiler des Chors eingespannt sind. Dabei ist oft die Wand des Strebepfeilers mit einem Maßwerk wie in den Fenstern überzogen. Diese Anordnung finden wir zum Beispiel in den Kathedralen von Beauvais, Reims, Amiens und Köln. Auf dieselbe Weise wird in Mainz der Charakter einer Kapelle erreicht, während ohne die Zwischenteilung eher der Eindruck eines zweiten Seitenschiffes erweckt wird."[23] Damit ist bereits das Spannungsfeld abgesteckt, in welchem sich die Diskussion über die Mainzer Nordkapellen in der kunsthistorischen Literatur in den nächsten 100 Jahren bewegen wird: Einerseits eine Abhängigkeit vom Chor der Kölner Kathedrale, andererseits der Einfluss von Straßburg und den französischen Kirchen. Und Vetterlein kommt das Verdienst zu, die erste architekturhistorische Einordnung der Mainzer Kapellen vorgenommen zu haben.

Die bislang umfangreichste Untersuchung zur Architektur der Kapellen legen Kautzsch und Neeb in ihrem Inventarband zum Mainzer Dom im Jahre 1919 vor.[24] Kautzsch stellt hier neben der Einheitlichkeit im Maßwerk gewisse Unterschiede fest: „Dem Gewändeprofil nach – nicht dem Maßwerk nach – gehören je zusammen die Fenster 1–3 (von Osten her) und 4–7"[25], eine Feststellung, die auch dem Urteil von Vetterlein entspricht.[26] Im Unterschied zu den älteren Autoren beschreibt Kautzsch auch die Kapelle westlich des Marktportals, also die Marien-Kapelle: „Ausgesprochen anders als in den älteren Kapellen sind die Fenster. In dem vielgeteilten Gewände fehlen zwar Birn- und Rundstäbe mit eigenen Sockeln und Basen nicht, aber das Stabwerk ist dünn, metallisch, in den Maßwerkbahnen treten flache Rundbogen auf, und vor allem: Hier herrscht die Fischblase. Die beiden Maßwerke sind zwar nicht im Muster, aber im Charakter einander völlig gleich. Diese letzte Kapelle ist vor 1498 errichtet. Sie ist also volle 200 Jahre jünger als die anderen."[27] Damit wird von Kautzsch zum ersten Mal in der kunsthistorischen Forschung zum Mainzer Dom die spätgotische Architektur der Marien-Kapelle gewürdigt.

Nach Kautzsch „[...] stellen diese Kapellenreihen [Nord- und Südseite] eine sehr interessante Erweiterung des romanischen Langhauses dar. Zugleich lassen sie uns die Erstarrung der Gotik in der entscheidenden Wende um 1300 deutlich erkennen. Während die älteren Kapellen [Nordseite] noch etwas von der blühenden, organisch gefühlten Kunst der hohen Zeit haben, wenigstens noch eine Erinnerung an die einst körperlich empfundene Spannung in ihren runden Gliederungen lebendig ist, herrscht in der Südreihe schon ausgesprochen das abstrakte, metallische Wesen, die harte unkörperliche Profilierung."[28] Dieses Urteil zeigt, dass der Autor die Modernität der ab den späten siebziger Jahren des 13. Jahrhunderts in Mainz realisierten Architekturformen – vor allen Dingen auch die Kühnheit der achtbahnigen, riesigen Fenster der beiden östlichen Kapellen – nicht ganz realisiert hat und ihm bei der südlichen Kapellenreihe – die in unserem Zusammenhang jedoch nicht Thema sein soll – nicht auffällt, dass hier spätgotische Elemente wie das Wegfallen der Basen und Kapitele und Rundstäbe sehr früh und konsequent entwickelt, wenn nicht gegenüber anderen Architekturen des 14. Jahrhunderts vorweggenommen werden. So setzte er denn auch seine Analyse mit folgenden Worten etwas hilflos fort: „Woher diese Gotik nach Mainz kam – ich kann es nicht sagen. Vetterlein macht auf eine gewisse Verwandtschaft der Profile in den älteren Kapellen mit der Profilierung in der Stiftskirche zu Wimpfen im Tal aufmerksam und glaubt auf Zusammenhänge dieser Mainzer Gotik mit der „Süddeutschen Schule" hinweisen zu können. In der Architektur der Südkapellen sollen dann vor allem kölnische Einflüsse erkennbar werden. Das ist alles doch noch zu unbestimmt. Man muss sich vor Augen halten, dass im letzten Viertel des 13. Jahrhunderts in Mainz eine ganz außerordentlich rege Bautätigkeit einsetzte. Auch der Dom organisierte seine Bauunternehmung im großen Stil. Da ist zunächst anzunehmen, dass allerlei Kräfte verschiedener Schulung hier zusammenströmten. Woher sie aber kamen und was sie mitbrachten, darüber wissen wir noch nichts. Es fehlt noch ganz an eindringenden Sonderuntersuchungen. Die Geschichte der Gotik am Mittelrhein ist noch zu schreiben."[29] Diesem letzten Satz von Kautzsch ist auf jeden Fall beizupflichten, vor allem trifft er auch heute noch zu.

An etwas entlegener Stelle versucht Hans Kunze erneut eine architekturgeschichtliche Einordnung. Hierfür greift er eine ältere Idee zu den die Kapellen trennenden Maßwerkvorhängen wieder auf und vergleicht sie mit den an das tonnengewölbte Langhaus angebauten gotischen Teilen (Querhaus und Chor) der Kirche St.-Nazaire in Carcassonne, einer im Südwesten Frankreichs unweit der Pyrenäen gelegenen Stadt.³⁰ Hierbei bezieht er sich auf Dehio, der diese Kirche mit den Worten „[...] die Formen sind von vollendeter Eleganz, knapp und schlank [...] ein graziöses und lebensvolles Werk. [...]"³¹ beschreibt. Gleichzeitig übernimmt Kunze die Datierung Dehios, nach der die Ostteile von St.-Nazaire im Jahre 1269 begonnen und unter dem Episkopat des Pierre de Rochefort (1300–1322) vollendet wurden.³² Er vergisst dabei natürlich nicht zu erwähnen, dass ähnliche Maßwerkformen, vor allen Dingen die Fensterrosen in den Querhaus-Giebeln von Carcassonne, den Formen der Westfassade des Straßburger Münsters entsprechen, mit dessen Bau im Jahre 1277 begonnen wurde, also zwei Jahre vor Mainz. Der Vorbildcharakter der frei vor die Fassade gehängten Maßwerkvorhänge Straßburgs für die Kreationen in Mainz, auf die schon Vetterlein im Jahre 1902 hingewiesen hatte, ist unbestritten. Die östlichen Kapellen des weit ausladenden Querhauses der südfranzösischen Kirche hingegen scheinen später entstanden zu sein, wie es dann Lisa Schürenberg im Jahre 1934 in ihrer umfangreichen Untersuchung zur französischen Sakralarchitektur der nachklassischen Gotik nachweist.³³

Ein wahrer Quantensprung in der Erforschung der gotischen Architektur am Mittelrhein ist die im Jahre 1931 an der Frankfurter Universität eingereichte Dissertation von Rudolf Offermann.³⁴ Systematisch analysiert Offermann die Fensterformen der seit der Mitte des 13. Jahrhunderts errichteten Kirchen zwischen Frankfurt im Osten, Koblenz im Norden, Oppenheim im Süden und Oberwesel beziehungsweise Bad Kreuznach im Westen. Dabei hat er auch die verschiedenen Einflüsse der älteren Zentren der gotischen Architektur wie Marburg und Trier, aber auch vor allen Dingen die Einflüsse von Straßburg und Köln auf den mittelrheinischen Raum herausgearbeitet.³⁵ Abgesehen von der Auslassung eines der Maßwerkfenster im Katalog enthält die Untersuchung eine ganze Menge wichtiger Hinweise und Beobachtungen, die zwar noch keine erschöpfende Analyse der gotischen Architektur am Mittelrhein liefern, wohl aber eine erste Zusammenfassung der hier vorhandenen Maßwerkbefunde darstellen. So stellt Offermann fest: „Im letzten Viertel des 13. Jahrhunderts verdoppelt und vervierfacht sich die Teilung, zuerst bei den Mainzer Domkapellen in 1279; dann Worms, Nikolauskapelle um 1290, Oppenheim, Querhaus um 1308. In Frankreich finden sich Vier- und Achtteilung natürlich schon früher, zum Beispiel 1235 in Amiens."³⁶ Damit ist das erste Mal die herausragende Bedeutung der Fenster der beiden östlichen Kapellen bezüglich der Vervielfältigung ihrer Fensterbahnen benannt. Zum Vierpass im Couronnement schreibt Offermann, dass „[...] er [der Vierpass] gegen Ende des Jahrhunderts, zuerst in Mainz, Domkapellen erstes Fenster Nordreihe, als selbstständige Maßwerkfigur ohne umgeschriebenes Rund"³⁷ auftritt. Das stimmt zwar für den Mittelrhein, doch die entsprechenden Vierpässe in den Obergadenfenstern des Kölner Domchores sind einige Jahre früher entstanden. Auch bezüglich der Lilien und Nasen als „schmückende Beiform"³⁸ erwähnte er Mainz als eines der frühesten Beispiele in der Region. Gerade die „Nasen" gehören nach Offermann zum wesentlichen Bestand des Maßwerks: „Anfänglich liegen sie in der tiefsten Schichtung, das heißt, sie spalten sich im Schwesterprofil ab, wirken dabei dem struktiven Bau des Fensters nicht entgegen, ja sie lassen oft die Plastik stärker hervortreten."³⁹ Auch hierbei werden von ihm als eines der frühesten Beispiele neben Oppenheim unsere Mainzer Kapellen genannt. Bezüglich der Wimperge kommt er zu folgendem Ergebnis: „Im 13. Jahrhundert haben die Fenster an mittelrheinischen Bauten im allgemeinen keine Wimperge; die frühesten sind die an den Hochwandfenstern in Oppenheim um 1300 und an den Mainzer Domkapellen (ab 1279)."⁴⁰ Abschließend fasst er seine Erkenntnisse folgendermaßen zusammen: „Der straßburgisch-oberrheinische Einfluß ist am Mittelrhein der stärkere; er wirkt in der zweiten Hälfte des 13. Jahrhunderts bis nach 1300 über Worms nach Oppenheim und Mainz, der Kölner Einfluß gewinnt gegen Ende des 13. Jahrhunderts von der anderen Richtung über Bacharach und Mainz nach Oppenheim."⁴¹ Dieser Aussage ist heute nur noch bedingt beizupflichten, da mittlerweile die Datierung der Fenster des Chorobergadens in Köln vor dem Baubeginn der Westfassade des Straßburger Münsters in den siebziger Jahren des 13. Jahrhunderts anzusetzen ist.

Als Resümee der bis zum Jahre 1932 erschienenen Untersuchungen zu den Mainzer Kapellen ist festzuhalten, dass den Maßwerk- und den Fensterstrukturen der Mainzer Nordkapellen mit ihren

◂◂ **Abb. 2**
Bernhard Hundeshagen, Mainz, Dom St. Martin und St. Stephan, Ansicht von Nordwesten, Aquarell um 1820, GDKE Rheinland-Pfalz, Landesmuseum Mainz

Wimpergen eine besondere, überregionale Bedeutung zukommt. Stets wird Mainz in einem Abhängigkeitsverhältnis zu den großen Kathedralbauten in Straßburg (Westfassade ab 1277) und dem Chor der Kölner Kathedrale gesehen. Die Möglichkeit einer durchaus eigenständigen Entwicklung mit entsprechenden Auswirkungen, oder zumindest eine Gleichzeitigkeit mit und auch Unabhängigkeit von diesen Bauten wird dabei niemals in Erwägung gezogen. Dies mag daran liegen, dass die durchaus monumentale, aus den sieben älteren Fenstern bestehende Mainzer Fassade zum Marktplatz hin spätestens seit dem 18. Jahrhundert durch zweigeschossige Gebäude verstellt und seit dem Brand von 1767 ihrer bekrönenden Giebelreihe aus den steilen, mit Kreuzblumen besetzten Wimpergen beraubt war. Ihr ehemals monumentales und platzprägendes Erscheinungsbild ist damit seither kaum mehr wahrzunehmen. Im Unterschied zum Chor in Köln, der Westfassade von Straßburg oder der Südfassade der Katharinenkirche zu Oppenheim, die alle noch unverändert in ihrer Monumentalität zu bewundern sind, bedarf es in Mainz schon einiger Vorstellungskraft, sich die ursprüngliche Wirkung zu vergegenwärtigen. So erwähnt Lottlisa Behling die Maßwerkfenster der Mainzer Kapellen in ihren beiden grundlegenden Arbeiten zur Geschichte des Maßwerks überhaupt nicht mehr.[42]

Die bislang beste kunsthistorische und architekturgeschichtliche Analyse der Mainzer Domkapellen lieferte bis heute Hartmut Seeliger, der in seiner Monographie zur Architektur und Baugeschichte der Stadtpfarrkirche in Friedberg/Hessen auch die Nordkapellenreihe des Mainzer Doms mit aufnimmt.[43] Die Abhandlung beinhaltet eine ausführliche kunsthistorische Einordnung, in der die „nachklassische Phase der Hochgotik in der kirchlichen Baukunst des Mittelrheins"[44] dargestellt wird. Hier untersucht er unter anderem die Nordkapellen des Mainzer Doms (1279–1291)[45], die östlich des Doms gelegene ehemalige Liebfrauenkirche (1285–1311)[46] und die Südkapellen des Mainzer Doms (1300–1319)[47]. In diese Reihe ordnet er Chor und Querschiff der Stadtkirche in Friedberg (1280/90–1306)[48] ein, um im Anschluss auf das Langhaus der Katharinenkirche in Oppenheim (1317–1340/50)[49] zu verweisen. Abschließend analysiert er die „Ausstrahlung der Mainzer Schule und ihrer Formen"[50], behandelt also die ab 1279 in Mainz realisierten Architekturformen als Ausgangspunkt einer eigenständigen Entwicklung.

In der Beschreibung der Mainzer Architekturformen stellt er fest, dass die erste bis dritte und die vierte bis siebente Kapelle jeweils gleiche Gewändeprofilierungen hätten, womit er eine stilistische Entwicklung von Osten nach Westen konstatiert.[51] Bezüglich der Binnenstruktur der Kapellen urteilt er: „Ein zwischen die Wandpfeiler und Gurtbögen gespanntes filigranes Gitterwerk gab dieser Architektur – mitten im Raum – eine fast unwirkliche Steigerung der gotischen Diaphanie"[52]. Bezüglich der Profilierung der Pfeiler in den jüngeren Kapellen trifft er folgende, auch heute noch korrekte Feststellung: „Die jüngere Pfeilerform zeigt ein einheitliches Gliedersystem von konvexen Rundstäben zwischen konkaven Kehlen; der Pfeilerkern ist als körperhaftes Gebilde nicht mehr fassbar, [...] die struktiven und die dekorativen Teile der Architektur fließen malerisch ineinander."[53] Mit diesen Feststellungen ist die Modernität der Pfeilergliederung gegenüber den älteren, klassisch-hochgotischen Formen mit ihrer Betonung der tragenden Funktion der Pfeiler deutlich herausgearbeitet und eine der weiteren Innovationen in Mainz charakterisiert. Dabei erläutert Seeliger, dass die zunehmende Zahl der Altarstiftungen im Laufe des 13. Jahrhunderts zum vermehrten Bau von Kapellen an Kathedralen und Pfarrkirchen geführt hätte. Im französischen Kathedralgrundriss würden diese Kapellen in der Regel dem Chorumgang angegliedert. „Weitaus seltener gibt es sie am Langhaus. Das erste Beispiel bietet Paris. Hier wurden seit 1235 entlang den Seitenschiffen des Langhauses der Kathedrale Notre Dame solche Kapellenreihen errichtet. Die geradlinige Außenflucht der Kapellen ist durch Strebepfeiler und Maßwerkfenster gegliedert. Im Inneren sind die einzelnen Joche durch Zwischenmauern getrennt. Am Chor wurde dieses System dann fortgeführt; 1250–70 baute Jean de Chelles die vier westlichen Kapellen an der Nordseite des Langchores sowie die entsprechenden drei an der Südseite. Die Pariser Kathedrale könnte in Mainz als Vorbild gedient haben."[54] In einem wesentlichen Punkt würden die Mainzer Kapellen jedoch vom Pariser Vorbild abweichen, nämlich in der Auflösung der Zwischenwände in freistehendes Stab- und Maßwerk. Dieses könnte man am ehesten von der Westfassade des Straßburger Münsters

– begonnen 1276 – ableiten, dem „Hauptwerk des nachklassisch-hochgotischen Stils in Deutschland, geschaffen wahrscheinlich von Meister Erwin"[55]. Er ergänzt: „Das hier [in Straßburg] vorwaltende Prinzip der Vergitterung und Durchbrechung übertrug der Mainzer Meister auf den Innenraum. [...] In Straßburg wären neben dem Maßwerkvorhang der Westfront die großen Fenster im Erdgeschoss der Nord- und Südflanke des Westbaus zum Vergleich heranzuziehen."[56] In seiner darauf folgenden Analyse der „Einzeldurchbildung" kommt er noch einmal auf die Pfeiler zu sprechen: „In Mainz besteht der Pfeiler nur noch aus überschlanken Runddiensten zwischen tiefen Kehlungen. Ein Bündel vertikaler Kraftstrahlen reißt den Blick in die Gewölbe. Unmittelbare Vorstufen für diese neuartige Pfeilerbildung gibt es in Straßburg nicht. Eine verwandte Auffassung findet sich jedoch an Zierarchitekturen kleineren Maßstabs, so an den Arkadenstützen in den Turmhallen mit ihrem Wechsel von Rundstäben und Hohlkehlen. [...] In Mainz ist zum ersten Mal die Einheit des Pfeilers erreicht. Der Pfeiler besteht nicht mehr aus einem selbständigen Kern und vorgelegten Diensten, sondern er bildet eine durch Gliederung belebte Masse. Die Rundformen der Dienste gehen unmittelbar in die Hohlkehlen über. Die Profilzüge des Pfeilers unter den Gewölberippen sind einander weitgehend angeglichen."[57]

Mit seiner Analyse hat Seeliger gegenüber der älteren Literatur einen erheblichen Fortschritt erreicht, indem er nicht nur die Großform und Kleinform der Mainzer Nordkapellen präzise beschrieben und architekturgeschichtlich eingeordnet hat. Seine Hauptleistung besteht darin, dass er zum ersten Mal die hier in Mainz in den Jahren zwischen 1279 und 1291 realisierten Formen als nicht nur abhängig von anderen Kathedralbauten, sondern als innovative Leistungen herausgearbeitet hat. Umso erstaunlicher ist es, dass Seeligers Analyse der Mainzer Architektur in den folgenden 50 Jahren von der Forschung nicht mehr zur Kenntnis genommen wurde und diese als eine der innovativsten Kreationen des letzten Viertels des 13. Jahrhunderts aus dem Bewusstsein der Kunstgeschichte wieder verschwand. Zwanzig Jahre nach der wegweisenden Untersuchung von Hartmut Seeliger verfasste Fritz Arens erneut eine Monographie zum Mainzer Dom, in der er ein Kapitel auch den gotischen Seitenkapellen widmet.[58] Arens kann dem bisher Bekannten keine neuen Erkenntnisse hinzufügen, ja, er scheint die Untersuchung von Seeliger noch nicht einmal zur Kenntnis genommen zu haben. Er zitiert lediglich den seit dem 19. Jahrhundert bekannten Bauablauf, erwähnt die Renovierungen im 19. und 20. Jahrhundert und fasst als Resümee zusammen: „Französische Vorbilder und Parallelbeispiele finden sich in St.-Nazaire in Carcassonne und in Coutances, wo ebenfalls das Maßwerkgitter auf dem bemalten Steinretabel steht."[59] Allerdings stammt die Kathedrale von Coutances erst aus der Mitte des 14. Jahrhunderts.[60]

Neue Erkenntnisse zur jüngeren Baugeschichte, vor allen Dingen der Umgestaltung der nördlichen Kapellenreihe nach dem Brand des Mainzer Doms im Jahre 1767 liefert die Dissertation von Johannes Spengler über die Arbeiten des Architekten Thomann.[61] Im Werkverzeichnis des Architekten behandelt Spengler die „Neugestaltung der Nordkapellen und Bau der Vorhalle des Marktportals (nach 26.6.1767 bis 1770)".[62] Anhand der Domkapitelsprotokolle bis 1768 und einem „Pro Memoria" von Thomann vom 13.4.1770 weist er nach, dass die Ausführung aller dieser Arbeiten in Thomanns Händen lag.[63]

Binding behandelt in seinem Handbuch über das Maßwerk die Mainzer Kapellen eher stiefmütterlich.[64] Sie werden lediglich in einigen kargen Sätzen erwähnt, indem er sie mit den um oder nach 1300 entstandenen Frontfenstern des Querhauses von Oppenheim vergleicht.[65] Binding postuliert, dass die Mainzer Formen, die zwischen 1279 und 1291 entstanden, stilistisch jünger seien als die deutlich später entstandenen Oppenheimer, ohne den dadurch entstehenden Widerspruch letztendlich zu lösen.[66] Es wird jedoch auch hier deutlich, dass die Mainzer Kapellenreihe offenbar erstaunlich innovativ war.

Beate Dengel-Wink untersucht in ihrer Arbeit über die ehemals östlich des Doms gelegene, am 17. April 1285 abgebrannte Liebfrauenkirche auch die Seitenschiffskapellen des Doms.[67] Sie postuliert einen Beginn des Wiederaufbaus der Marienkirche parallel zum Bau der Seitenschiffskapellen des Doms im Laufe des Jahres 1285.[68] Als Resümee hält sie Folgendes fest: „Im Bau von Liebfrauen wird die von den ersten drei Nordkapellen her bekannte Pfeilerform weiter entwickelt. Dabei zeichnet sich Liebfrauen durch die Verwendung von Graten und durch die Bildung eines gleitenden Gesamtumrisses aus. Pfeilerform und Gewölbebildung werden vereinheitlicht. Dies wirkte dann auf die nachfolgend errichteten Nordkapellen 4–7, zugleich aber auf die Südkapellen, indem hier der Anstoß zu konkaven Formen als selbständiges Motiv gegeben wird. [...] Der enge Zusammenhang der Bauten erlaubt uns, von einer Mainzer Dombauhütte zu sprechen, welche alle erwähnten Teile errichtet haben muss."[69] Mit dieser Feststellung wird zum ersten Mal eine eigenständige Entwicklung der Mainzer Architekturformen von den drei östlichen Kapellen über den Baubeginn der Liebfrauenkirche zu den westlichen Kapellen der Nordseite und deren stilistische Weiterentwicklung bei den Kapellen des südlichen Seitenschiffs konstatiert.

Im Jahre 2003 veröffentlichte Marc Steinmann seine Dissertation, die sich mit dem mittelalterlichen Fassadenplan F der Kölner Domfassade beschäftigt.[70] Leider erwähnt Steinmann in seiner Untersuchung die Mainzer Fenster überhaupt nicht, obwohl gerade die Maßwerkformen der westlichen fünf Fenster mit ihren in Kreise eingeschriebenen Vierpässen mit einer ganzen Anzahl von Fensterentwürfen auf diesem Fassadenplan übereinstimmen. Da die Mainzer Fenster im Wesentlichen datiert sind, hätte er hier einen Anhaltspunkt gewinnen können, seinen bislang undatierten Plan F zeitlich näher zu bestimmen, und müsste nicht nur auf das Westfenster der Marburger Elisabethkirche als einzigem Datierungsanhaltspunkt zurückgreifen. Aber die Mainzer Fassade ist auch noch zu diesem Zeitpunkt mehr oder weniger aus dem Bewusstsein der Kunstgeschichte verschwunden gewesen. Eine weitere Datierungsabsicherung wäre umso wichtiger, weil inzwischen der Streit um die Datierung von Plan F wieder aufgeflammt ist. Spätdatierer wie Böker wollen diesen Plan nun abhängig von einer Datierung des Wiener Plans A um 1350 in die Zeit um 1370 und damit ca. 80 Jahre später datieren.[71] Dabei steht die Einordnung der im Plan dargestellten Formen in das 13. Jahrhundert eigentlich außer Frage. Diskutiert wird aber, ob bei der Umsetzung in anhaltender Werktreue ein vorliegender älterer Plan umgesetzt oder ein solcher in der zweiten Hälfte des 14. Jahrhunderts mit dem inzwischen veralteten Formenkanon neu gezeichnet wurde. Dabei wäre allerdings auch die Abfolge der Pläne neu zu diskutieren, denn so selbstverständlich, wie häufig dargestellt, ergibt sich die Abfolge keineswegs. Auf jeden Fall unterstreichen die Mainzer Befunde einmal mehr die frühe Datierung von Plan F, wie sie Steinmann vorgeschlagen hat.

Leonhard Helten setzt sich in seiner 2006 erschienenen Habilitationsschrift zur Entstehung, Syntax und Topologie des mittelalterlichen Maßwerks vor allen Dingen mit den älteren Maßwerkformen auseinander.[72] Er berücksichtigt die Kathedralen von Reims und Paris, die Liebfrauenkirche in Trier, die Elisabethkirche in Marburg, den Umbau der Abteikirche St.-Denis sowie die Maßwerkfenster des Kölner Doms. Und in Köln betrachtet Helten in erster Linie den Chorobergaden. Anschließend vergleicht er Köln und Straßburg untereinander und endet mit der „Zäsur um 1271"[73], sodass die später entstandenen Mainzer Maßwerkformen nicht mehr behandelt werden. Wichtig in unserem Zusammenhang ist jedoch seine Neubewertung des zeitlichen Ablaufs der Errichtung des Kölner Domchores, vor allem des Obergadens, dessen Baubeginn er in Übereinstimmung mit den Untersuchungen von Maren Lüpnitz auf 1271 datiert.[74] Helten liefert für die Stellung der Mainzer Nordkapellen innerhalb der Architekturgeschichte neue, weiterführende Ergebnisse.[75] Alle drei Baumaßnahmen an den großen rheinischen Kathedralen laufen danach etwa gleichzeitig, wobei möglicherweise Köln das Primat und die Führung in der Entwicklung der neuesten Architekturformen gebührt. Zu analysieren ist in diesem Zusammenhang, welche Rolle in diesem Spannungsverhältnis die Mainzer Nordkapellen spielen.

Ausführlich behandelt dann auch Marc Carel Schurr die Mainzer Kapellen in seinem aktuellen Werk zur gotischen Architektur.[76] Er stellt fest: „Eine bedeutende Rolle in dieser Entwicklung kam der Baukunst am Mittelrhein zu. Insbesondere die zwischen etwa 1277 und 1320 errichteten Seitenkapellen des Mainzer Doms und der ab 1285 im Osten der Bischofskirche emporwachsende Neubau der Liebfrauenkirche sind in diesem Zusammenhang zu nennen. Bei den Nordkapellen werden wie in den Bischofskirchen von Köln und Straßburg [...] die Seitenwände von riesigen vierbahnigen Maßwerkfenstern beleuchtet, deren Couronnements nach dem Vorbild der Obergadenfenster von Metz und Köln Rosen mit genasten Vier- und Fünfpässen enthalten. Allerdings sind die Enden der Passfiguren bei den jüngeren Mainzer Kapellen angespitzt, und in die Zwischenräume hatte man wie in den Fenstern von Saint-Vincent in Metz zentripetale Dreiblätter eingefügt. Sogar die bekrönenden Wimperge am Außenbau, welche das Erscheinungsbild der Kathedralen in Metz und Köln bestimmen, hat man in Mainz bei den ab 1300 errichteten Kapellen auf der Südseite des Doms übernommen."[77] Bei letzterer Feststellung irrt sich Schurr allerdings, denn die Wimperge sind bereits bei den Nordkapellen ab 1279 vorhanden gewesen und entstanden somit parallel zu den Kölner Wimpergen am Obergaden. Auch auf die die Kapellen trennenden Maßwerkgebilde geht er ein: „Dieses filigrane Gespinst ist wie das Schleierwerk der Straßburger Westfassade als ein Echo auf das Projekt des *réseau dédoublé* an der Metzer Kathedrale und die davon inspirierte Wandschichtung am Chor von Saint-Urbain in Troyes zu verstehen. Eine ganz ähnliche Lösung fand man gegen Ende der 1280er Jahre beim Bau der Ostpartien der Kathedrale von Carcassonne, welche die hallenartig geöffneten Querhaus-Kapellen von Metz mit den Mainzer Maßwerk-Trennwänden kombiniert."[78] Hier ist also das Geflecht der Einflusszonen und Abhängigkeiten im Umfeld von Mainz, über Straßburg nach Metz, aber auch bis in den Süden Frankreichs noch einmal präzisiert.[79] Auf jeden Fall ist mit seiner Untersuchung ein weiterer Fortschritt in der Analyse der Kapellen erreicht.

Dethard von Winterfeld äußerte sich kürzlich noch einmal zur Baugeschichte des Mainzer Doms und behandelt hier auch die gotischen Seitenkapellen.[80] Als Resümee konstatiert er: „Die Architektur der Nordreihe ist feinste Hochgotik mit schlanken Diensten, die durch tiefe Kehlen verbunden sind. Die Bündel in den Winkeln gehen nahtlos in die reich profilierten Fenstergewände über. Noch sind überall kleine Kapitelle und Sockel auch für die Fensterpfosten zu erkennen, denen dünne Rundstäbe vorgelegt sind. Bisher wurde nicht recht wahrgenommen, dass diese Kapellen mit den Spitzenleistungen der deutschen Gotik konkurrieren können." [81] Damit scheint die Forschung zu den Nordseitenschiffskapellen am Mainzer Dom zunächst einen vorläufigen Endpunkt erreicht zu haben. Im Folgenden soll untersucht werden, inwieweit die hier realisierten Architekturformen nicht nur „konkurrieren", sondern gegenüber den Schöpfungen an anderen Orten innovativ und vorausweisend sind.

1 Schneider 1886. **2** Schneider 1886, S. 32–34. **3** Schneider 1886, S.119–122. **4** Schneider 1886, S. 33. **5** Schneider 1886, S. 33, Anm. 3. **6** Heute sind Nazarius- und Barbara-Kapelle zu einer größeren Kapelle zu Ehren des Hl. Petrus zusammengefasst. **7** Schneider 1886, S. 33: „Sankt Magnus wird im Jahre 1291 urkundlich erwähnt; Sankt Lambertus ward 1291 consecrirt; Sankt Bonifatius, nicht näher erwähnt; SS. Petrus und Paulus wird 1290 vom Decan Gebehard dotiert." **8** Schneider 1886, S. 33 f. **9** Schneider 1886, S. 35 und S. 120 f. mit Anm. 3: Bei der Beschreibung des architektonischen Bestands erwähnt Schneider die „musterhafte Bearbeitung und sorgliche Ausführung" der Werksteine und stellt fest, dass allenthalben „die Löcher zum Einsetzen der Zange beim Aufwinden" vorhanden sind. Steinmetzzeichen würden sich nur einige vorfinden. (Schneider stellt drei Zeichen dar, nämlich in Form der Buchstaben „E", „B" und „Q") Auch auf den komplizierten und schwierigen Bauprozess bei der Durchbrechung der Außenwände des romanischen Langhauses für die neuen Kapellen geht er ausführlich ein. Bezüglich der neuen Gewölbe stellte er fest, dass sie aus Ziegeln errichtet wurden, die „bis dahin [...] am Platz nicht geführt worden zu sein" scheinen. **10** Redtenbacher 1872. **11** Vetterlein 1902. **12** Vetterlein 1902, S. 23–26. **13** Vetterlein 1902, S. 27–29. Mit Letzteren meinte er wohl eher die südliche Kapellenreihe. **14** Vetterlein 1902, S. 23. **15** Ebd. **16** Vetterlein 1902, S. 24. **17** Vetterlein 1902, S. 25. Correspondenzblatt 1876, Nummer 11. **18** Vetterlein 1902, S. 25. **19** Ebd. **20** Adamy 1889. **21** Vetterlein 1902, S. 25. **22** Vetterlein 1902, S. 26. **23** Vetterlein 1902, S. 27. **24** Kautzsch/Neeb 1919. Das äußere Erscheinungsbild und hier besonders die Fassaden der Kapellen werden auf den Seiten 59–62 dargestellt, während die Befunde im Inneren ausführlich auf den Seiten 137–146 abgehandelt werden. Dem Text beigegeben sind eine Vielzahl von Grundrissen vor allen Dingen der Fenster- und Pfeilerprofile sowie im Tafelteil Fotos der Maßwerkfenster. **25** Kautzsch/Neeb 1919, S. 60. **26** Vetterlein 1902, S. 26 f. **27** Kautzsch/Neeb 1919, S. 60. **28** Kautzsch/Neeb 1919, S. 146. **29** Ebd. **30** Kunze 1928. **31** Dehio/Bezold 1884–1901, S. 189 **32** Dehio/Bezold 1884–1901, S. 189 und S. 426. **33** Schürenberg 1934. Kunze (1939, S. 63–115) bleibt auch knapp zehn Jahre später in seiner Untersuchung zum Straßburger Münster bei seiner Einschätzung. Im Zusammenhang mit seiner Analyse der Straßburger Westfassade schreibt er: „Der Zusammenhang Straßburgs mit Carcassonne wird durch die Kapellen bestätigt, die von 1279–1309 dem Langhaus des Mainzer Doms angefügt wurden. Sie sind in einzelnen Details mit Straßburg verwandt, ihre Zwischenwände aber bestehen wie die des Querhauses in Carcassonne nur aus Stab- und Maßwerk über einer niedrigen Brüstung." (S. 102) In einer Anmerkung bezieht er sich dabei nur auf Dehio/Bezold (Dehio/Bezold 1884–1901, S. 189 und S. 426), er scheint also offensichtlich die Untersuchung von L. Schürenberg aus dem Jahre 1934 nicht zur Kenntnis genommen zu haben. **34** Offermann 1932. Die Anregung zu dieser Arbeit, so Offermann in seiner Einleitung, verdankt er dem Herrn Geheimrat Professor Dr. Kautzsch, der zwölf Jahre zuvor das Inventar des Mainzer Doms veröffentlicht hatte und, wie bereits oben angedeutet, darin beklagte, dass es keine detaillierten Untersuchungen zur Gotik am Mittelrhein geben würde. **35** Offermann 1932: Besonders aufschlussreich ist seine Untersuchung durch einen Anhang mit 72 Tafeln, in denen er, chronologisch geordnet, in einfachen, maßstabsgetreuen System-Zeichnungen die unterschiedlichen Maßwerkkonfigurationen und deren Entwicklung veranschau-

▶ Abb. 3
*Alfred Mumbächer,
Mainz, Dom St. Martin und
St. Stephan, Blick vom Höfchen
auf die Nordseite des Doms,
Aquarell um 1950,
GDKE Rheinland-Pfalz,
Landesmuseum Mainz*

licht. Zusätzliche Profil-Zeichnungen in größerem Maßstab zeigen die Struktur der Gewände und Pfosten der von ihm dokumentierten Fenster. Diesen Tafeln vorangestellt ist ein chronologisch gegliederter Katalog der einzelnen Fenster, der systematisch Angaben zum Baudatum, den Größenverhältnissen in Höhe und Breite, den Verhältnissen der Abschnitte der Fenster, der Profilierung der Gewände und der Pfosten sowie des Maßwerks, der Sockeln und Basen, den Kapitellen und dem Maßwerk selbst Aussagen macht. Die Fenster der Mainzer Nordkapellen werden in vier Beschreibungen abgehandelt (Offermann 1932, S. 36 f.). Tafel 10–13 zeigen Darstellungen der Fenster. Dabei unterläuft Offermann ein kleiner Fehler, der in der späteren Literatur immer wieder übernommen wird: Auf Tafel 10 stellt er das achtbahnige Fenster der ersten, östlichen Kapelle korrekt dar. Auf der folgenden Tafel 11 hingegen zeigt er ein vierbahniges Fenster, sagt jedoch, dass es sich um das zweite Fenster von Osten handelt. Dies ist jedoch insofern nicht richtig, als dass das Fenster der zweiten Kapelle von Osten ebenfalls ein achtbahniges Fenster ist. Konsequenterweise behandelt er also nur sechs Maßwerk-Fenster, obwohl tatsächlich sieben Kapellen mit ihren unterschiedlichen Fenstern vorhanden waren. **36** Offermann 1932, S.15. **37** Ebd. **38** Ebd. **39** Ebd. **40** Offermann 1932, S. 25. **41** Offermann 1932, S. 29 ff. **42** Behling 1937. Behling 1944. **43** Seeliger 1962. Seeliger stellt in seinem Forschungsstand (S. 39 f.) fest, dass es „eine zusammenfassende Darstellung oder eine erschöpfende monographische Behandlung einzelner Bauten" bisher noch nicht gäbe. Vor allem fehle die kunstgeschichtliche Erfassung des reichen Materials. Er bespricht die ältere Literatur, kritisiert Hans Kunze bezüglich der Ableitung von Carcassonne, wie bereits oben angedeutet, und erwähnt lobend die gründliche Arbeit von Rudolf Offermann. Zu den südlichen Kapellen des Mainzer Doms hat er ein völlig anderes Urteil, als deren stiefmütterliche Behandlung in der bisherigen Literatur: „Zu der ungewöhnlich fortschrittlichen, im Charakter spätgotischen Architektur der Mainzer Südkapellen fehlt in der Literatur bisher noch jede Äußerung". Als Resümee zitiert er den Satz von Kautzsch aus dem Jahre 1919 „Die Geschichte der Gotik am Mittelrhein ist noch zu schreiben" und nimmt dies zum Anlass, sich nun selbst dazu ausführlicher zu äußern. **44** Seeliger 1962, S. 39. **45** Seeliger 1962, S. 40 ff. **46** Seeliger 1962, S. 44 ff. **47** Seeliger 1962, S. 47 ff. **48** Seeliger 1962, S. 47–51. **49** Seeliger 1962, S. 52 ff. **50** Seeliger 1962, S. 62 ff. **51** Seeliger 1962, S. 43. **52** Seeliger 1962, S. 41. **53** Ebd. **54** Seeliger 1962, S. 42. **55** Ebd. **56** Ebd. **57** Seeliger 1962, S. 43 f. **58** Arens 1982, S. 68–74. **59** Arens 1982, S. 69. **60** Arens 1982, S. 69. Schürenberg 1934, S. 85. **61** Spengler 1987. **62** Spengler 1987, S. 97–99. **63** Spengler 1987, S. 97 f.: „Bis zu diesem Zeitpunkt hatte er, seiner eigenen Aussage folgend, veranlaßt, daß die Giebel der Kapellenfronten abgetragen werden, daß das Seitenschiff und die Kapellen mit neuen Dächern versehen werden, daß die Strebepfeiler der Kapellen wieder hergestellt und die auf ihnen stehenden Fialen durch Vasen ersetzt werden." Auch in der barocken Eingangshalle, die sicherlich ebenfalls im Zeitraum von 1768–1770 entstand, sieht er eine Arbeit Valentin Thomanns, da „sich die Vorhalle auch stilistisch in sein Oevre einordnen lässt". **64** Binding 1989. **65** Binding 1989, S. 267 f.: „Muster und Ordnung hat der Baumeister unmittelbar vom Kölner Domchor bzw. dem Fassadenriß F übernommen und bei den Langhaus-Obergadenfenstern in Oppenheim 1323–28 fortgeführt. Die Oppenheimer Querhaus-Fenster sind denen der nördlichen Seitenkapellen des Mainzer Doms sehr ähnlich, jedoch nur in der großen, ordnenden Maßwerkfigur, nicht im Detail: so sind in der dritten Kapelle und in den folgenden die eingeschriebenen Drei- und Vierpässe gespitzt, die Oppenheimer aber rund, und in den Zwickeln zwischen Kreis und Vierpaß sitzen als Füllung abermals Dreipässe, die in Oppenheim fehlen und sogar kielbogenförmig geschweift sind. So bekommt das Mainzer Maßwerk eine spitzere und schärfere Form, auch die Rundstäbe sind sehr viel dünner, und die Stäbe zweiter Ordnung weisen scharfe Kanten und keine Kapitelle auf." **66** Binding 1989, S. 268: „Stilgeschichtlich sind die Mainzer Formen jünger als die Oppenheimer. Das erklärt sich aus der verschiedenen Herkunft der Baumeister: der Mainzer kommt aus der Straßburger Hütte, die sich am Westbau ,durch eine unerschöpfliche Phantasie im Entwerfen und Vorantreiben neuester Formen auszeichnete' (Schütz, 1982, S. 140), der Oppenheimer aus der Kölner Hütte, die eher konservativ eingestellt war." **67** Dengel-Wink 1990. **68** Dengel-Wink 1990, S. 160: „Es fällt auf, dass in der Pfeilerbildung der Nord- und Südkapellen des Mainzer Doms ein großer Sprung in der Formentwicklung vorhanden ist. Wie zu zeigen sein wird, passt die Liebfrauenkirche genau in diese Lücke und bildet eine vermittelnde Entwicklungsstufe. […] Die Kapellen dokumentieren damit eine fortlaufende Entwicklung, die auch im Maßwerk zu verfolgen ist. Die ersten beiden Fenster zeigen einen runden Vierpass. Ab der dritten Kapelle ist der Vierpass einem Kreis eingefügt und spitz gebildet. Das fünfte Fenster weist als Ausnahme einen spitzen Fünfpass auf. […] Stellt man eine zeitliche Abfolge der Bauten her, so wurden die ersten drei Kapellen der Nordseite fertiggestellt, die anderen Kapellen waren offenbar teilweise in Bau, als Liebfrauen abbrannte. In den folgenden Jahren widmete man sich dem Bau der Stiftskirche, die Arbeiten an den Nordkapellen müssen liegen geblieben sein. Für den Bau von Liebfrauen folgte man in der Anlage der Profile den in den ersten drei Nordkapellen festgelegten Formen, entwickelte sie jedoch weiter […] dieser Prozess kann auf die später vollendeten Kapellen 4–7 eingewirkt haben. Hingegen ist für das Maßwerk an Liebfrauen die Formensprache der Nordkapellen das Vorbild gewesen, erscheint doch der spitze Vierpass in einem Kreis zuerst dort. Diese Abfolge lässt vermuten, dass der Bau von Liebfrauen durch die Dombauhütte erfolgte." **69** Dengel-Wink 1990, S. 162. **70** Steinmann 2003. **71** Böker 2013, S. 339; hiergegen hat inzwischen Steinmann entschieden Stellung genommen in Steinmann 2014, S. 295–303. **72** Helten 2006. **73** Helten 2006, S. 215–232. **74** Lüpnitz 1997, S. 65–84. Zusammengefasst sind ihre Ergebnisse jüngst in ihrer Dresdner Dissertation (Lüpnitz 2011), die den Weiterbau des Chors in die beginnenden siebziger Jahren des 13. Jahrhunderts setzt und insofern eine neue chronologische Bewertung des Verhältnisses zwischen dem Kölner Dom und der Westfassade der Kathedrale von Straßburg notwendig macht. **75** Helten 2006, S. 215–232. **76** Schurr 2007, vor allem S. 247 ff. **77** Schurr 2007, S. 247. **78** Schurr 2007, S. 248 f. **79** Schurr 2007, S. 326 f.: Anschließend an diese generelle Herleitung der Mainzer Großform geht er noch einmal ausführlich auf die differenziertere Profilierung der Fenstergewände und Pfeiler ein und ergänzt diese Analyse durch von ihm im Maßstab 1:10 aufgenommene Querschnitte der Pfeilervorlagen zwischen den beiden westlichen Kapellen auf der Nordseite, die er in seinem Katalog abbildet, ebenso wie er dann einen Grundriss der Pfeiler zum südlichen Seitenschiff hin publiziert. **80** Von Winterfeld 2011. Zu den Seitenkapellen siehe vor allem Von Winterfeld 2011, S. 82. **81** Von Winterfeld 2011, S. 84.

Der Forschungsstand zu den gotischen Teilen des Mainzer Doms

ELMAR ALTWASSER
DIE NORDFASSADE IN IHRER HEUTIGEN GESTALT

◂ **Abb. 1**
Mainz, Dom St. Martin und St. Stephan, Nordfassade

Die Nordfassade des Mainzer Doms **(Abb. 1)** wird von einer Reihe von heute insgesamt fünf, ursprünglich acht gotischen Kapellen gebildet. Die erste der Kapellen schließt direkt an den nördlichen der beiden runden, den östlichen Querriegel flankierenden Treppentürme an.[2] Mit dieser ersten Kapelle im Osten beginnend setzt sich die Reihe bis zu einem vor der heutigen Vorhalle des Marktportals liegenden Halbjoch fort. Westlich des Marktportals schließt sich dann eine wesentlich jüngere gotische Kapelle an. Sie stammt erst aus den 90er Jahren des 15. Jahrhunderts, wenngleich die Kapellenreihe sicher von Beginn an durchlaufend bis zum Nordarm des Westquerhauses geplant war. Für den Bau der Kapellen wurden die Seitenschiffsaußenwände bis auf die die Wand gliedernden Vorlagen und Halbsäulen komplett abgebrochen. Die erste und zweite Kapelle von Osten – das sind heute die Victor-Kapelle und das östliche Joch der Petrus-Kapelle – waren auch ursprünglich größer als die folgenden Kapellen. Die die Gewölbelast abtragenden Strebepfeiler, welche diese beiden Kapellen seitlich einfassen, haben hier einen Abstand von etwa 5,50 m, was die größere Breite der beiden Kapellen bedingt. Sie wurden mit für die damalige Zeit riesigen achtbahnigen Maßwerkfenstern ausgestattet. Ab der dritten Kapelle haben die Strebepfeiler nur noch einen Abstand von 4 m voneinander, da hier die Jochbreite des romanischen Langhauses aufgenommen wird. Infolgedessen sind die Maßwerkfenster nur mehr vierbahnig. Diese Gliederung ist dann bei den ehemals vier nach Westen folgenden Kapellen weitergeführt, wobei im Inneren der Kapellen ein neues architektonisches Element hinzutritt: Die einzelnen Kapellenräume werden durch eingestellte, nicht verglaste Maßwerkgitter, die im Prinzip die architektonischen Formen der großen Außenfenster aufnehmen, voneinander getrennt **(Abb. 2)**. Mit diesen, sukzessive von Osten nach Westen errichteten sieben Kapellen endet die erste Bauphase Anfang der 90er Jahre des 13. Jahrhunderts. Ansätze von Gewölbewiderlagern zeigen jedoch, dass ursprünglich eine Fortsetzung nach Westen höchstwahrscheinlich bis hin zum westlichen Querhaus geplant, zunächst aber nicht ausgeführt wurde. So blieb der Bereich um das romanische Nordportal des Doms zusammen mit der romanischen Wand an dieser Stelle und dem westlich folgenden Abschnitt des Langhauses bis zum Westquerhaus unberührt. Erst 200 Jahre später, in den 90er Jahren des 15. Jahrhunderts, setzte hier erneut Bautätigkeit ein. Nun errichtete man – unmittelbar an das Marktportal anschließend bis hin zum nördlichen Westquerhausarm – die Marien-Kapelle (heute Sakramentskapelle, **Abb. 3**), die zwar doppelt so lang wie die älteren Kapellen ist, dabei jedoch deren Fassadengliederung in der Breite der beiden Fensterabschnitte aufnimmt. Während man sich also beim Weiterbau der Kapellen in der Großform an den älteren östlichen Kapellen orientierte, übernahm man bei den Kleinformen des Maßwerkes nun die aktuellen und modernen spätgotischen Muster. Der Bereich um das Nordportal blieb zunächst unberührt, sodass die romanische Wand des nördlichen Seitenschiffs für die nächsten Jahrhunderte hier auf einer Strecke von 8,50 m weiterhin frei blieb. Dieser Bereich wurde erst nach dem Brand des Doms im 18. Jahrhundert durch den Architekten Thomann in der heutigen Form als Vorhalle mit hoher Arkade überbaut.

Die Kapellen sind von unten nach oben jeweils gleich gegliedert: Über einem Sockel, der auch um die vor die Front der Kapellen vortretenden Strebepfeiler herumgeführt ist, erhebt sich eine Brüstungsmauer, die bis zum Sohlbankgesims der Fenster reicht. Ob jeweils die Brüstungsmauer mit den Strebepfeilern verzahnt ist, lässt sich im Einzelnen heute nicht mehr entscheiden, doch sprechen die auch im Bereich der Strebepfeiler durchlaufenden Lagerfugen nicht für eine sogenannte „Stapelbauweise", bei der zunächst die Pfeiler errichtet werden und dann in einem nächsten Bauabschnitt das Mauerwerk dazwischen geschichtet wird. Das Kaffgesims der Fenstersohlbänke läuft jeweils über die gesamte Breite der Kapellen und verkröpft sich um die Strebepfeiler. Dieser Befund dürfte auch bei den heute durch jüngere Anbauten verdeckten Bereichen der beiden Fenster der heutigen Marien-Kapelle in entsprechender Form vorhanden sein. Die zur Gliederung des Maßwerks gehörenden Elemente wie die Stäbe der ersten Ordnung, die Basen der Stäbe, die Kehlen und die Fensterpfosten laufen kontinuierlich aus den abgeschrägten Werksteinen der Sohlbänke heraus. Dabei reichen die äußeren Gewändeprofile bis auf den Werkstein oberhalb des Solbankgesimses herunter. Dann folgt nach innen jeweils eine weite Kehle mit Schwung in einen kleineren Rundstab und ein polygonales Postament mit Basis für den das Fenster an seiner Laibung umlaufenden Rundstab. Daran schließen sich dann ohne Basis jeweils die Anfänger für die seitlichen Fensterpfosten und dann der Mittelpfosten mit polygonalem Postament und Basis für den mittleren Stab der ersten Maßwerkordnung an. Die Strebepfeiler stoßen hier im Bereich des Fenstergewändes mit einer Fuge gegen die Werksteine des Gewändes, die Steinschichten laufen nicht durch. So wurden offenbar zuerst die Strebepfeiler oberhalb der Brüstungsmauer weitergebaut und dann das Mauerwerk der Fenstergewände gegen diese geschichtet. Im Fenstergewände selbst zeigt der Fugenschnitt, dass das gesamte Gewände vom Strebepfeiler ausgehend bis zum Anschlag der Fenster in der Regel aus einem durchlaufenden, profilierten Werkstein besteht. Nur in einigen Steinschichten setzt sich die Profilierung aus zwei Quadern zusammen. Bei der heutigen Victor-Kapelle schließt das Fenstergewände direkt, ohne Zwischenraum an den Strebepfeiler an, bei der nachfolgenden, ebenfalls größeren ursprünglichen Barbara-Kapelle bleibt noch ein schmaler Mauerstreifen zwischen Strebepfeiler und Fenstergewände stehen. Auch die kleineren nachfolgenden Kapellen zeigen in der Regel keinen Mauerstreifen zwischen Strebepfeiler und Fenstergewände. Die einzelnen Strebepfeiler selbst zeigen in unterschiedlichen Höhen, was zum Teil wohl auch auf spätere Auswechslungen zurückgeht, kleine Wasserschläge in Form eines wie an der Sohlbank gestalteten Kaffgesimses.

◀ **Abb. 2**
Mainz, Dom St. Martin und St. Stephan, Innenansicht nach Westen, Maßwerkvorhang zwischen Magnus- und Marien-Kapelle

Das Profil des Gewändes besteht bei den drei östlichen Kapellen von außen nach innen aus einer flachen Kehle, die in einen angespitzten Dreiviertelstab übergeht (noch kein regelrechter Birnstab). Darauf folgt nach einem kleinen Absatz eine weite Kehle, die fast wie bei einem Karnies in einen dünnen Rundstab übergeht und mit einer Furche zum Fenster hin begrenzt ist. Anschließend folgt ein Absatz von etwa 3 cm Breite. In der Flucht der Mauer liegt eine schmale Fase von 2 cm Breite, eine weitere Kehle mit Absatz und etwas dickerem Rundstab ohne Grat. Nach einem feinen Absatz nach innen hin schließt die Fensterlaibung mit sehr flacher, steiler Kehle an und nach einem weiteren Absatz der Falz für die Verglasung.

Als Steinmetzzeichen findet sich auf einigen Werksteinen der inneren Laibung am ersten Fenster von Osten ein „B". Die drei Pfosten der untergeordneten Fensterbahnen bestehen aus jeweils hochkant „en-délit" vermauerten, langen Werksteinen, die im Profil spitz zulaufen und zweifache segmentbogige Kehlen haben, an die der Falz für die Fensterscheiben anschließt. Der mittlere dieser drei Stäbe ist zwar gleich profiliert wie die äußeren, aber im Querschnitt ein wenig größer dimensioniert und nicht angespitzt, sondern mit flacher Stirnseite, sodass sich hier die homologe Hierarchie des Maßwerks spiegelt. Der Mittelpfosten wiederum ist ein wenig breiter als der mittlere Pfosten der seitlichen Fensterbahnen und entsprechend beidseitig flach gekehlt und mit einem Rundstab von der Dimension der die Fenstergewände begleitenden Rundstäbe besetzt. Wie diese hat der Rundstab des Mittelpfostens auf einem polygonalen Postament eine Basis und ist mit einem Kapitell abgeschlossen. Auch seine Werksteine sind hochkant „en-délit" vermauert. Bei den Gewändesteinen sind heute mit Mörtel zugesetzte Zangenlöcher zumeist im oberen Drittel der Quader in der großen Kehle vorhanden, jedoch nicht in allen Steinen. Bei den „en-délit" vermauerten Teilen sind keine Zangenlöcher zu erkennen.

Die beiden achtbahnigen Fenster besitzen sieben unterschiedlich profilierte Pfosten die folgenden, nur mehr vierbahnigen Fenster haben entsprechend nur noch drei Pfosten. Die Pfosten zwischen den einzelnen Bahnen der Fenster sind von unterschiedlichem Erhaltungszustand, zum Teil noch original und zum Teil ausgewechselt.

Die östlichen drei Fenster zeigen in ihrem Maßwerk jeweils drei Kapitelle. Ab dem Fenster der ehemaligen Magnus-Kapelle wird das Profil des Fenstergewändes um einen Birnstab, der in der großen Kehle zwischen dem äußeren und dem inneren Rundstab verortet ist, bereichert. Nun werden alle Stäbe im Gewände sowie der mittlere Fensterpfosten mit Basis und Kapitell ausgestattet, sodass ab der vierten Kapelle von Osten die Fenstermaßwerke jeweils insgesamt sieben Kapitelle besitzen. Den oberen Abschluss der Fassade bildet heute ein Traufgesims, das durch Thomann als gerader Abschluss der Fassade ausgeführt worden ist. Das Profil der Traufe besteht aus unterer Platte in der Mauerflucht, dann schmalem Wulst, darüber weit vorkragende, untere hohe Platte, die an der Stirnseite nach oben in eine flache Viertelkehle übergeht, einem weiteren Plättchen, aufgelegtem halbem Rundstab und von diesem ausgehend ein viertelkreisförmig vorschwingender dicker Wulst. Das Ganze wird durch eine weitere Platte abgeschlossen.

Die Abschlüsse der Strebepfeiler variieren das Profil des Traufgesimses. Sie bestehen aus unterem dünnem Plättchen, leicht vorspringender Platte, weit vorspringender hoher Platte, und schließlich viertelkreisförmig vorspringender Voute mit Plättchen, darüber eine geschweifte Verdachung, die heute mit Kupferblech verkleidet ist. Als Aufsatz dienen jeweils vasenartige Gebilde auf zweifach abgetrepptem, rechtwinkligem Sockel, darüber folgt ein runder konkaver Schaft, darauf dann ein vasenförmiger Aufsatz, aus dem Flammen aufzusteigen scheinen. Auf der Vase findet sich zur Front hin ein stilisiertes Gesicht, an den Seiten aufgerichtete Blätter und Blüten in ebenfalls stilisierter Form. Dieses Motiv ist bei allen Vasen identisch.

Insgesamt kann für die gesamte Nordfassade des Mainzer Doms festgehalten werden, dass einige Teile beziehungsweise einzelne Steine in jüngerer und jüngster Zeit ausgewechselt worden sind, wenngleich dies offenbar stets als getreue Kopie des Bestands erfolgte. Die Maßwerkfenster selbst sind zwar von unterschiedlicher Breite, doch was Sockel und Werktechnik anbelangt, sind sie gleich gebildet. Die Maße differieren aufgrund der unterschiedlichen Breite der Kapellen und des Geländeanstiegs von Osten nach Westen, sodass die Sockelzone von Osten nach Westen niedriger wird, um eine gleichmäßige Sohlbankhöhe zu erreichen.

◂ Abb. 3
Mainz, Dom St. Martin und St. Stephan, Inneres der heutigen Sakramentskapelle

▶ **Abb. 4**
Mainz, Dom St. Martin und St. Stephan, Fenster 10, Victor-Kapelle

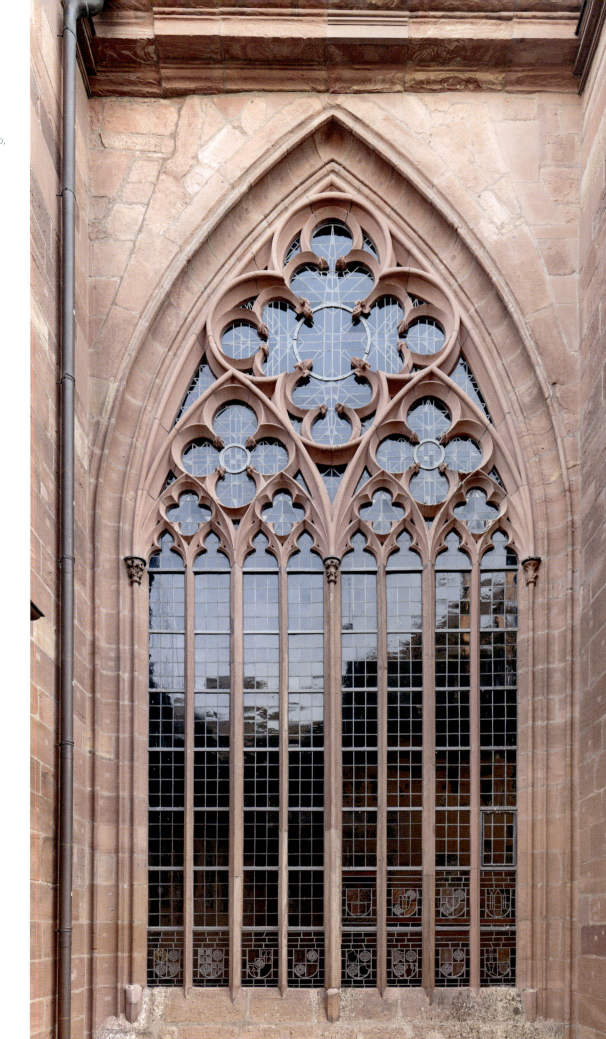

Die Victor-Kapelle

Das Fenster der Victor-Kapelle **(Abb. 4, 6)** zeigt insgesamt zusammen mit dem es überfangenden, von den beiden Laibungsstäben und der Kehle gebildeten Spitzbogen eine dreifache Hierarchisierung der einzelnen Elemente. Die erste Ordnung wird von den Rundstäben, die an das Gewände anschließen und dem mittleren Pfosten aufgesetzt sind, gebildet. Diese Struktur wird im Maßwerk als den Werksteinen aufgesetzte Halbstäbe fortgesetzt. Die nächste Ordnung sitzt den etwas größer dimensionierten, mittleren Pfosten der seitlichen Fensterbahnen auf; sie bilden die spitzbogigen Abschlüsse von jeweils zwei Fensterbahnen mit segmentbogig gekehltem Profil. Die dritte Ordnung, die den Zwischenpfosten zugeordnet ist und im unteren Bereich genaste Spitzbögen oberhalb der einzelnen Fensterbahnen bildet, springt gegenüber der zweiten Ebene zurück. Die Nasen selbst sind nochmals von den Überfangbögen abgesetzt und bilden damit eine weitere Ordnung. Die erste Ordnung umfasst demnach folgende Strukturen: Zum einen setzt sie die Gewändestäbe im großen überfangenden Spitzbogen fort. Bezüglich der Innengliederung überfangen zwei Spitzbögen, ausgehend von den Kapitellen, jeweils vier Fensterbahnen, und im oberen Teil des Couronnements wird ein mit diesen Stäben verschmolzener, stehender Vierpass umfahren. In der nächsten Ebene bildet das Maßwerk keine Rundstäbe aus, sondern entspricht mit den steilen Kehlungen und der etwa 1 cm breiten Schulter den drei Hauptstäben und bildet zunächst den Überfang jeweils zweier Fensterbahnen, darauf sind beidseitig der Mittelachse stehende Vierpässe aufgesattelt und in die großen Überfangbögen eingestellt. Die Nasen der Vierpässe gehen in nach innen radial weisende, lilienförmige Blattmotive über. Es handelt sich jeweils um ein Büschel Dreiblätter mit einem Haupt- und jeweils zwei Nebenstängeln. Im Inneren des oberen Vierpasses sind jeweils in dessen Pässe Dreiblätter in Form von Nasungen eingestellt, wobei diese im Unterschied zu den Maßwerken der zweiten Ordnung etwas tiefer liegen und nicht die oberen flachen Rücken zeigen, sondern angespitzt auf einer Zwischenebene angeordnet werden. Der vegetabile Dekor der Nasen entspricht jeweils bei den radial nach außen liegenden Pässen denjenigen der Ebene darunter. Die vier, die bis zur Mitte vorstoßen, sind lilienförmig gestaltet, jedoch nicht als regelförmige Lilien, sondern sie haben eine Mittelknospe, an die zum Ansatz hin jeweils drei Blätter angehängt sind. Der Überfangbogen des Fensters gehört noch vollständig der ursprünglichen Bausubstanz an, zeigt heute zugesetzte Zangenlöcher und umläuft mit radialen Stoßfugen den Spitzbogen. Über dem Überfangbogen zeigt sich auf beiden Seiten des Fensters der Ansatz eines Wimpergs. Im Osten beginnt mit radialer Fuge über einem unteren Quader ein großer Werkstein, der einerseits der Flucht des Bogens folgt, andererseits unten zum Strebepfeiler hin umknickt. Zunächst entspricht der schräge äußere Verlauf dem Bogenradius, läuft dann aber gerade und etwas steiler nach oben weiter. Hier ist ein weiterer trapezförmiger Werkstein vorhanden, der bis zum Bogen herüberläuft. Dann wird das Ganze aufgeteilt in eine Steinreihe, die dem Bogen folgt und ähnlich wie bei den unteren Steinen die äußere Kehle des Gewändes fortsetzt. Diese Steinreihe besteht aus zwei großen und einem kleinen Werkstein und endet im Scheitel oberhalb des Bogens. Dem unteren großen trapezförmigen Werkstein ist dann parallel dazu ein weiterer trapezförmiger Werkstein aufgelegt, der die äußere Schräge fortsetzt. Auf diesem Stein könnten Absätze darauf hindeuten, dass hier eine irgendwie geartete Profilierung vorstand, die heute abgeschlagen ist, während die unteren Steine eigentlich glatt belassen wurden. Nach oben hin sind weitere sehr unregelmäßig gesetzte Steine vorhanden. Der äußere Werkstein ist gegenüber der unteren Schräge sekundär abgearbeitet. Im Westen des Fensters zeigt sich ein ähnlich gebildeter Wimpergansatz mit unten umknickenden Werksteinen wie auf der gegenüberliegenden Seite. Darauf folgen ein großer trapezförmiger Werkstein, dann zwei große, längliche und ein kleinerer Werkstein zur Fensterlaibung hin. Auf diesen liegen im unteren Bereich zwei Schichten von Steinen, von denen die äußere die Wimpergkontur fortsetzt, darüber folgt ein weiterer größerer Stein, dann außen und innen unruhig vermauertes Material, welches höchstwahrscheinlich sekundär ist.

Die ehemalige Barbara-Kapelle

Das Fenster der ehemaligen Barbara-Kapelle **(Abb. 5, 7)** entspricht in seiner Achtbahnigkeit, dem Maßwerk sowie einem Großteil seiner Details dem Fenster der Victor-Kapelle. Wegen des leichten Geländeanstiegs nach Westen ist am Strebepfeiler und bis zur Mitte der Fensterbahn lediglich der untere Sockelvorsprung sichtbar. Der obere abgefaste Bereich läuft durch. Die Steinschichten liegen im Prinzip auf derselben Höhe wie bei den Strebepfeilern, sodass hier durchaus mit einem Mauerwerksverband zu rechnen ist. Im Unterschied zur Victor-Kapelle schließt hier die äußere Kehle des Fenstergewändes nicht unmittelbar an die Strebefeiler an. Hier sind beidseitig schmale Mauerstreifen vorhanden (16 cm im Osten und 21 cm im Westen). Die Struktur des Maßwerks spiegelt sich auch hier im unterschiedlichen Profil der Stäbe und entspricht der Hierarchisierung des Maßwerks im Fenster der Victor-Kapelle: Die Hauptstäbe sind als Wulst gebildet, die mittleren Pfosten der seitlichen Fensterbahnen mit Kehle und flachem Rücken. Die untergeordneten Pfosten der seitlichen Fensterbahnen haben steile Kehlen und sind am Rücken angespitzt. In der Kapitell- und Kämpferzone ist ebenso wie bei den Pfosten im Wesentlichen ursprüngliche Bausubstanz vorhanden. Im Couronnement scheint das gesamte Maßwerk ausgetauscht oder stark überarbeitet zu sein. Es entspricht jedoch bis ins Detail dem Maßwerk des Fensters der Victor-Kapelle ohne Varianten auch bezüglich der Ausgestaltung der lilienförmigen Endigungen der Vierpässe.

Auch über dem Fenster der ehemaligen Barbara-Kapelle zeigen sich die Ansätze eines ursprünglich vorhandenen Wimpergs. Im Osten sind es noch drei große Werksteine der Wimpergschräge. Darauf folgen – in den oberen Werkstein einbindend – zwei kleinere flache Werksteine, die dem Bogen aufliegen. Im Scheitel ist ein entsprechender Scheitelstein vorhanden. Abgeschlagene Strukturen sind hier nicht erkennbar. Ein identischer Fugenschnitt der Werksteine ist auch an der Westseite vorhanden. Hier bindet der erste Werkstein des Strebepfeilers oberhalb des Basissteins des Wimpergs herüber auf den Wimperg, möglicherweise auch der zweite. Diese beiden Quader entsprechen im Fugenschnitt nicht dem der Stirnseite des Pfeilers. Ansonsten läuft hier der Ortgang des Wimpergs hoch bis zum heutigen Traufgesims, welches den Abdruck des Wimpergs abzuschneiden scheint.

Auf der Ostseite des Strebepfeilers ist in einen der Werksteine die Jahreszahl „1739" eingeritzt. Die Zwickel der Wimperge zu den Strebepfeilern hin sind teilweise mit modernen Steinen, teilweise mit älteren ausgefüllt. Jeweils auf beiden Seiten ist eine Fuge zu den Strebepfeilern hin festzustellen. Im oberen Bereich sind vermehrt jüngere Werksteine mit ebensolchen Bearbeitungsspuren vorhanden.

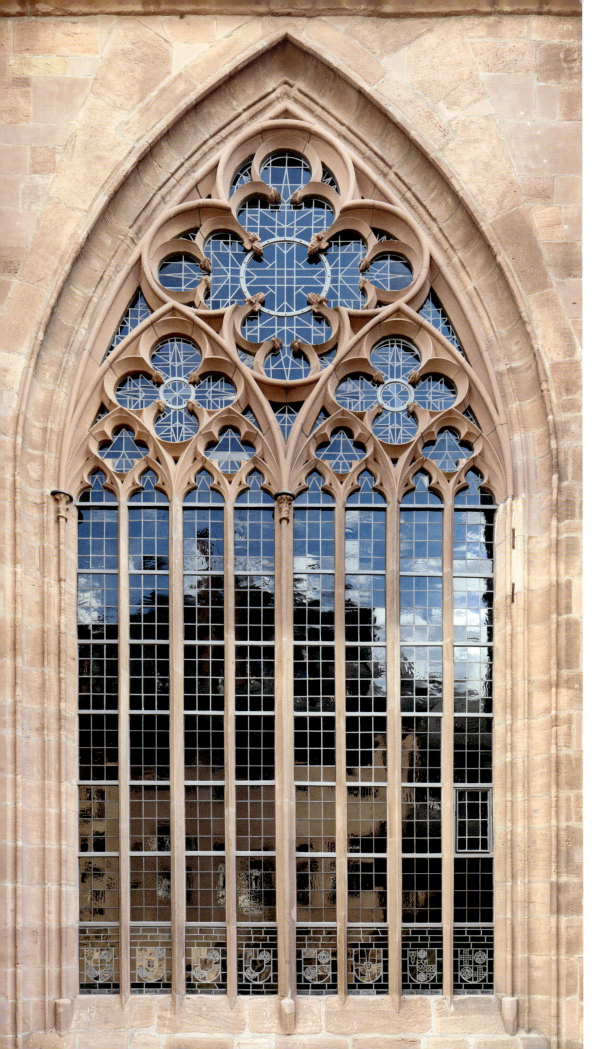

◂ **Abb. 5**
Mainz, Dom St. Martin und St. Stephan, Fenster 9, ehem. Barbara-Kapelle

Die Nordfassade in ihrer heutigen Gestalt

▶ **Abb. 6**
*Photogrammetrie Fenster 10,
Victor-Kapelle*

Die Nordfassade in ihrer heutigen Gestalt

◂ **Abb. 7**
Photogrammetrie Fenster 9, ehem. Barbara-Kapelle

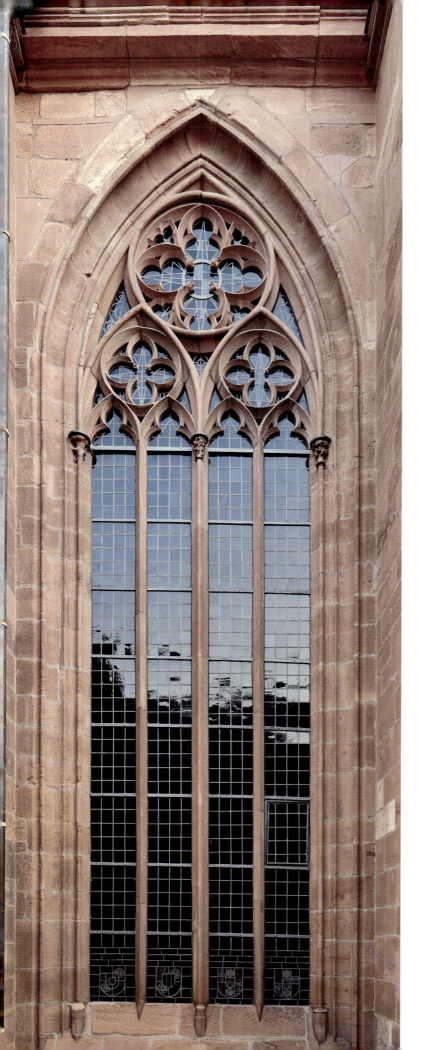

◂ **Abb. 8**
Mainz, Dom St. Martin und St. Stephan, Fenster 8, ehem. Nazarius-Kapelle

Die ehemalige Nazarius-Kapelle

Die ehemalige Nazarius-Kapelle ist die erste der schmaleren Kapellen, deren Breite nun durch die Jochbreite der Seitenschiffe im Inneren des Doms bedingt ist. Ihr Fenster ist nunmehr nur noch vierbahnig. Die einzelnen Fensterbahnen sind jedoch etwas breiter bemessen als bei den beiden achtbahnigen Fenstern, sodass das Fenster der ehemaligen Nazarius-Kapelle etwas mehr als halb so breit wie die größeren achtbahnigen Fenster ist **(Abb. 8, 9)**. Die innere Struktur des Maßwerks sowie das Profil des Fenstergewändes bleibt aber zunächst noch dasselbe wie bei den beiden östlich benachbarten Fenstern, sodass hier auch lediglich drei Kapitelle im Maßwerk vorhanden sind.

Wiederum ist ein leichter Geländeanstieg zu verzeichnen, sodass der Sockel nurmehr in seinem abgefasten oberen Bereich sichtbar ist. Die Brüstungsmauer ist gleich wie bei den anderen Kapellen gemauert. Kleine Abweichungen sind auch bei den Postamenten und Basen festzustellen: Schon beim stark verwitterten mittleren Fensterpfosten meint man nun eine flach gedrückte Tellerbasis zu erkennen, die dann beim Stab im westlichen Fenstergewände deutlich in Erscheinung tritt. Die Tellerbasis besteht aus einem sehr flachen, weit vorspringenden unteren Wulst, einer wenig hohen, stark eingezogenen Kehle und einer kaum mehr als Wulst zu bezeichnenden oberen Platte. Was diese Basis besonders auszeichnet, sind die den Polygonecken des Postaments zugeordneten kleinen Dreiecke, in denen dann erhabene kleine Nasen den Übergang vom Postament zur Basis verschleifen. Die Stäbe betonen die erste und zweite Ordnung des Maßwerks, wie sie sich auch in den östlich benachbarten Fenstern zeigt. Die dritte Ordnung mit den angespitzten Stäben existiert hier nicht mehr. Sämtliche Stäbe und die Laibungen gehören noch zum ursprünglichen Mauerwerk. Wie beim Fenster der ehemaligen Barbara-Kapelle schließt auch hier das Fenstergewän-

▶ **Abb. 9**
Photogrammetrie Fenster 8, ehem. Nazarius-Kapelle

de nicht unmittelbar an den Strebepfeilern an, sondern schmale Mauerstreifen vermitteln jeweils von den Strebepfeilern zu den Gewändeprofilen. Das Maßwerk des Fensters hat trotz der Reduktion der Bahnen auch hier drei hierarchische Gliederungsebenen. Wie bei den östlich benachbarten beiden Fenstern überfangen die den Rundstäben des Gewändes und des Mittelpfostens entwachsenden Spitzbögen der ersten Ordnung das Fenster in seiner Gesamtheit sowie jeweils zwei der Fensterbahnen. Diesen ist im Couronnement ein großer Okulus aufgesattelt und mit deren Stäben verschmolzen. Die nächste Ebene bilden jeweils die kleineren Spitzbögen der einzelnen Fensterbahnen, die von den angespitzten Stäben mit flachem Rücken getragen werden. Auch diese werden jeweils von einem Okulus, der mit diesem Maßwerk verschmolzen ist, bekrönt. In dieses System sind in die untere Ebene bei den Spitzbögen der einzelnen Fensterbahnen genaste Dreipässe eingebunden, in den beiden kleineren Okuli sind es Vierblätter, deren Enden mit knospenartig sich zuspitzenden Blattstrukturen dekoriert sind. Der obere Okulus besteht nur noch in seinem Umfassungsbogen aus ursprünglichem Steinmaterial, der innere spitze, stehende Vierpass ist eine moderne Kopie. Diese besteht aus insgesamt vier Werksteinen mit horizontalen und vertikalen Stoßfugen und bildet einen stehenden Vierpass, der spitz, blattförmig zuläuft, wobei in diesen Vierpass weitere Kleeblattnasungen auf einer darunterliegenden Ebene eingestellt sind. Die Nasen der Pässe sind zum Zentrum hin mit Eichenlaub und Eicheln besetzt. In die äußeren Zwickel des stehenden Vierpasses sind weitere kleine blattartig geschweifte Dreipässe eingespannt, ebenfalls auf der unteren Ebene. Das Fenstergewände wird von großen geflächten Werksteinen überfangen. Ansätze eines Wimperges sind hier nicht auszumachen. Jedoch sind auch fast alle Steine oberhalb des Fensters jüngeren Datums.

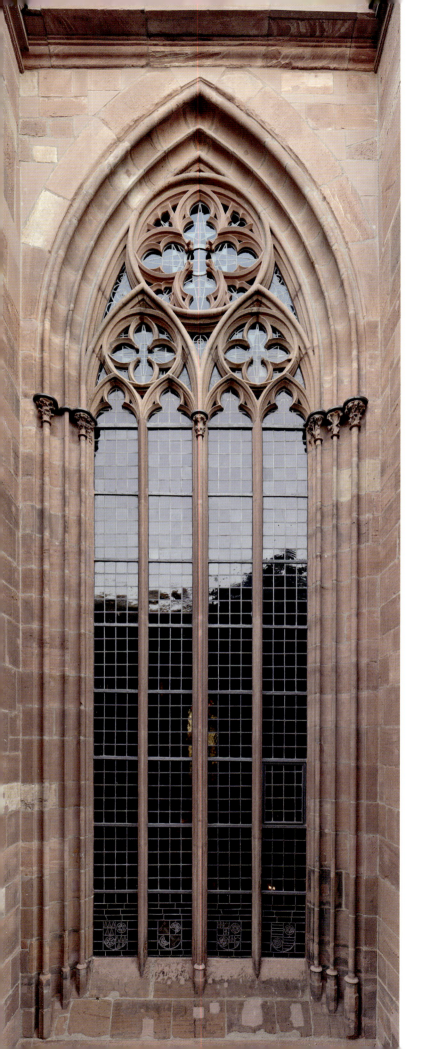

Die ehemalige Magnus-Kapelle

Die ehemalige Magnus-Kapelle zeigt im unteren Bereich die gleiche Gliederung wie die zuvor besprochenen Kapellen – zum Teil auch mit erneuerten Werksteinen. Das Fenster ist in seinem Gewände nun aber gegenüber den östlichen drei Kapellen deutlich bereichert **(Abb. 10, 11)**: Zunächst vermittelt wiederum ein schmaler Mauerstreifen zwischen Strebepfeiler und Fenstergewände. Dann folgen eine abgefaste Kante und eine tiefe Kehle, an die sich ein dicker Rundstab anschließt. Dieser ist mit einem Kapitell, welches den die Außenkante des Fensterbogens begleitenden Rundstab trägt, abgeschlossen. Im Bereich der Sohlbank ist hier ein über zwei Steinschichten reichender schlanker, oktogonaler Sockel vorhanden, dessen Flächen teilweise segmentbogig konvex sind. Von diesem äußeren Stab ausgehend schließt eine tiefere Kehle an, die in einen schlanken angespitzten Rundstab übergeht. Dieser steht auf der steilen Sohlbank zurückgesetzt auf einem etwas niedrigeren polygonalen Postament und einer tellerartigen Basis. Zum Fenster hin folgt eine weitere Kehle, auf die ein weiterer, etwas dickerer Stab folgt. Er ist etwas dünner als der Rundstab an der Außenkante des Gewändes und steht auf einem kürzeren, polygonalen Postament mit gleichgestalteter Basis. Der Übergang zum Lumen des Fensters erfolgt durch kurze Schräge, Platte, kurze Waagrechte und Schräge. In diesem Fenster und in denjenigen der folgenden Kapellen sind nun alle Stäbe des Gewändes sowie der Stab des mittleren Pfostens mit einem Kapitell abgeschlossen, sodass ab hier das Maßwerk mit insgesamt sieben Kapitellen reich geschmückt ist.

Das vierbahnige Fenster ist mit einem hervorgehobenen mittleren und jeweils untergeordneten seitlichen Pfosten entsprechend den östlichen Fenstern gegliedert. Auch hier entwachsen die Pfosten ohne Basis der Fenstersohlbank. Ähnlich wie im Profil des Gewändes gibt es auch bei den Pfosten eine neue Struktur: Beginnend am Anschlagfalz der Verglasung liegt zunächst ein flaches Plättchen, dann folgen kurze segmentbogige Kehle, tiefe Rundbogenkehle und schließlich ein vorgesetzter gegiebelter, nach außen hin scharfer Abschluss. Der mittlere Pfosten ist ein wenig dicker, jedoch ähnlich profiliert, anstelle einer Spitze hat er jedoch einen breiten Rücken und darauf einen Dreiviertelstab auf zweifach abgetrepptem, polygonalem Postament, wobei der untere, breitere Teil über einfache Ab-

treppung in den oberen übergeht. Das westliche Fenstergewände ist weitaus differenzierter, wenn auch das Profil im Wesentlichen identisch mit dem an der Ostseite ist. Doch sitzt hier das kräftigere äußere Postament auf dem unteren Werkstein und springt gegenüber diesem sogar noch vor, sodass es an seiner Unterseite für den sekundären Einbau des heutigen Kaffgesimses abgearbeitet werden musste. Offensichtlich begann hier ursprünglich das Postament auf dem Kaffgesims. Ein aus zwei Steinen bestehender hoher unterer Schaft treppt sich über eine flache Viertelkreiskehle ab. Darauf folgt eine extrem flache Tellerbasis mit unterem pilzförmig profiliertem, über die Postamentkante hinausragendem Bereich. Die Gewändesteine und diejenigen des Strebepfeilers liegen nur vereinzelt auf identischer Höhe, binden aber teilweise ineinander, sodass mit einer gleichzeitigen Errichtung zu rechnen ist.
Sowohl die Gewändesteine als auch die Pfosten gehören der ursprünglichen Bausubstanz an. Eine Ausmeißelung am östlichen Pfeiler (Nr. 7, s. S. 152/153) sowie auch am westlichen könnte darauf hinweisen, dass hier einmal ein Dach angebaut war.
Im Couronnement finden sich im Wesentlichen die ursprünglichen Werksteine, lediglich die Füllung des großen Okulus scheint erneuert zu sein. Die Bereicherung des Gewändes setzt sich auch im Überfangbogen fort, wobei der gespitzte Stab hier nicht die Begrenzung des Gewändes bildet, sondern die Mitte des Profils besetzt, während ein dickerer Stab außen umläuft. Im Couronnement sind die Profile durch halbkreisförmige Kehlen unterhalb des Rückens der Werksteine bereichert. Diese Struktur bildet die zweite Ebene des Maßwerks, während die erste Ebene von miteinander verschmolzenen Rundstäben gebildet wird. Bis auf die oben genannte Bereicherung ist das Maßwerk weitgehend identisch mit demjenigen im östlich benachbarten Fenster. An den erneuerten Teilen des Maßwerks im oberen Okulus sind an den Enden der Nasen keine Eicheln, sondern einfache Blüten rahmende Blätter vorhanden.
Der Fensterbogen wird von großen Werksteinen mit längsrechteckigem Format eingefasst. Spuren eines Wimpergs sind hier nicht mehr vorhanden. In den Zwickeln zwischen dem Fensterbogen und den Strebepfeilern finden sich vorwiegend neue Werksteine, sodass nichts zur Form und zur Steigung des Wimpergs gesagt werden kann, wiewohl feststeht, dass die Wimperge hier weitaus höher ansetzten als bei den großen östlichen Fenstern.

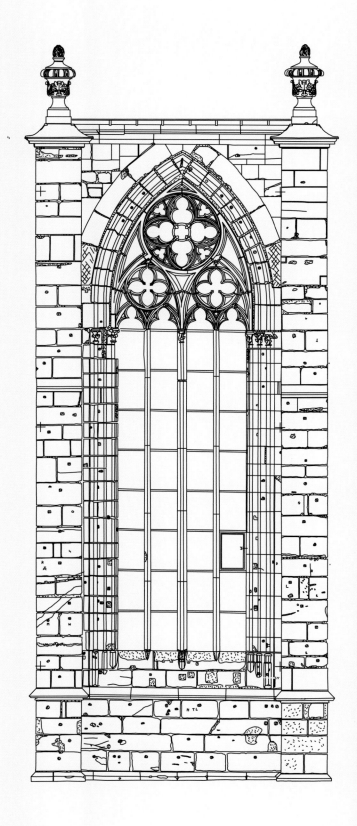

◂ **Abb. 10**
Mainz, Dom St. Martin und St. Stephan, Fenster 7, ehem. Magnus-Kapelle

▾ **Abb. 11**
Photogrammetrie Fenster 7, ehem. Magnus-Kapelle

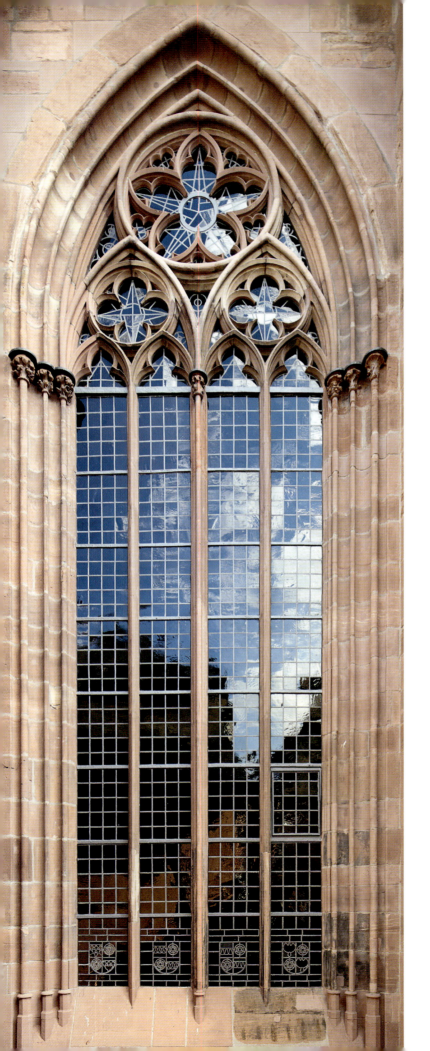

◀ **Abb. 12**
Mainz, Dom St. Martin und St. Stephan, Fenster 6, ehem. Lambertus-Kapelle

Die ehemalige Lambertus-Kapelle

Die ehemalige Lambertus-Kapelle hat wie die Magnus-Kapelle ein vierbahniges Maßwerkfenster von derselben Struktur und Gliederung **(Abb. 12)**. Basen und Profile sind identisch mit denjenigen des östlichen Nachbarn, doch sind sämtliche Postamente und ein Großteil der Sohlbankwerksteine erneuert, sodass keine Aussagen über deren ursprüngliche Form gemacht werden können. Sie sind nach dem Modell der abgetreppten, oktogonalen Postamente der großen äußeren Postamente gestaltet. Auch die aufgesetzten Tellerbasen entsprechen denen des östlich benachbarten Fensters. Einzig der mittlere Stab im westlichen Fenstergewände und Teile der Sohlbank sind noch ursprüngliche Bausubstanz, sowie weitreichendere Teile im oberen Bereich des Fensters. Die neuen Steine sind hier jeweils gut an der anderen Bearbeitung – sie sind im Gegensatz zu mittelalterlichen Werksteinen scharriert – zu erkennen. Die Kapitelle sind weitgehend original, jedoch stark verwittert.

Die Grundstruktur des Maßwerks entspricht dem des östlich benachbarten Fensters. Der Unterschied besteht hier lediglich darin, dass die Pässe in den unteren Okuli nicht spitz zulaufend blattförmig, sondern eher rund sind. Einige Werksteine scheinen ausgetauscht, vor allem wieder die Füllung des oberen Okulus. Dieser ist gegenüber den anderen neuartig durch einen liegenden Fünfpass bzw. einem Fünfblatt mit angespitzten blattartigen Pässen, die fast schon die Struktur von Strahlen haben, gestaltet. In diese Blätter sind auf der unteren Ebene genaste Dreiblätter sowie in die Zwickel nach außen hin jeweils liegend sich an den Umkreis schmiegende kleinere Dreipässe eingeschrieben.

▶ **Abb. 13**
Mainz, Dom St. Martin und St. Stephan, Fenster 5, ehem. Bonifatius-Kapelle

Die ehemalige Bonifatius-Kapelle

Die Sockelzone der ehemaligen Bonifatius-Kapelle und diejenige der ehemaligen St. Peter-und-Paul-Kapelle sind durch das später vorgebaute Gebäude der Bäckerei des Domcafés verdeckt. Es handelt sich um ein vierbahniges Fenster mit ähnlicher Gewändestruktur wie bei den beiden östlich benachbarten Fenstern **(Abb. 13)**. Im Unterschied zu diesen setzt hier jedoch die äußere Kehle mit der kurzen Abfasung knapp neben den Strebepfeilern an, der schmale Mauerstreifen fällt hier also weg. Die Stäbe des Maßwerks sind teilweise originaler Bestand, in vielen Abschnitten jedoch durch scharrierte Werksteine ersetzt oder, was durchaus auch möglich ist, in situ sekundär überarbeitet.

Die Kapitelle sind im Wesentlichen in ihrer ursprünglichen Substanz erhalten, ebenso wie fast alle Werksteine im Couronnement. Die Grundstruktur des Maßwerkes ist identisch mit derjenigen der anderen vierbahnigen Fenster, bei der jeweils zwei Fensterbahnen von einem Spitzbogen überfangen und zusammengefasst werden. Dem Spitzbogen ist jeweils ein kleinerer Okulus mit einem innenliegenden, leicht spitz zulaufenden, stehenden Vierpass eingeschrieben. Dessen Nasen zeigen wiederum stilisierte Blüten. Die beiden kleineren Spitzbögen werden von einem großen überfangen, dem ein Okulus mit stehendem Vierpass mit leicht ovalen Passformen eingeschrieben ist. Dort finden sich auf der unteren Ebene genaste Formen und jeweils Dreiblätter, also gespitzte Pässe, in den Zwickeln.

Oberhalb des Fensterbogens finden sich wieder große längliche Werksteine, während der profilierte Bogen aus kleineren Werksteinen, jeweils mit Zangenlöchern, zusammengesetzt ist.

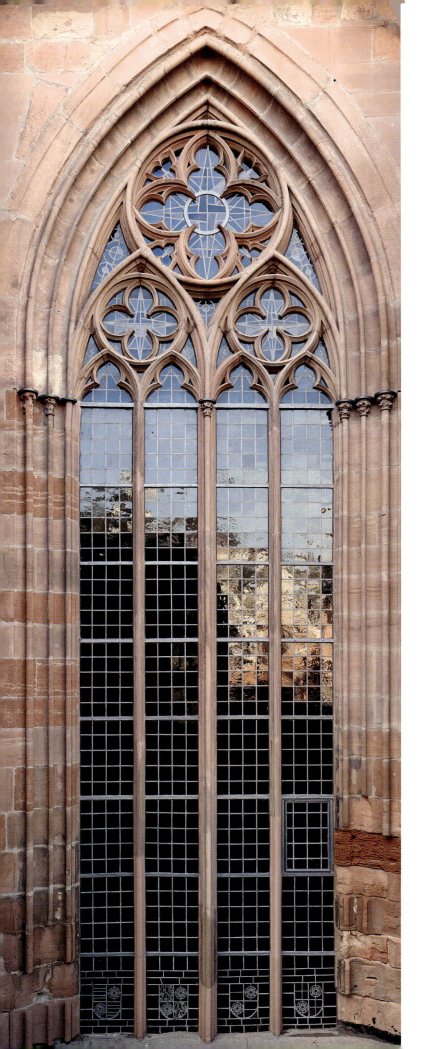

◂ **Abb. 14**
Mainz, Dom St. Martin und St. Stephan, Fenster 4, ehem. Peter-und-Paul-Kapelle

Die ehemalige Peter-und-Paul-Kapelle

Wie bereits erwähnt ist auch bei der ehemaligen Peter-und-Paul-Kapelle der untere Bereich vollständig durch den späteren Bau der Bäckerei verdeckt. In seinem vierbahnigen Aufbau ähnelt ihr Fenster dem östlichen Nachbarn **(Abb. 14, 15)**. Auch die Gliederung und Profilierung der Fensterpfosten entspricht diesem mit einem mittleren Hauptpfosten und untergeordneten seitlichen Pfosten. Auch die Gewändeprofilierung ist durchaus ähnlich, wiewohl hier jeweils seitlich der Gewändeprofile kurze Mauerstücke vorhanden sind. Die Profilierung besteht von außen nach innen aus dünner Fase, diese unterschneidender Kehle, aus der Kehle herauswachsendem dickem Rundstab, breiter Kehle, dann ein angespitzter, etwas schlankerer Dreiviertelstab, der im Winkel von 45 Grad zur Mauerfläche geneigt ist, sodann etwas schmalere Kehle und ein rechtwinklig zur Mauerflucht stehender Rundstab, von dem aus über eine Kehle und eine Fase in die Kehle der Fensterlaibung übergeleitet wird. Die untergeordneten beiden äußeren Fensterpfosten sind schmaler, haben beidseitig eine steile segmentbogige Kehle, dann Halbkreiskehle und angespitzte Scheitel, während der mittlere Pfosten entsprechend kräftiger dimensioniert ist und anstelle des angespitzten Stabes einen Dreiviertelrundstab trägt.

Das Maßwerk im Couronnement entspricht im Wesentlichen dem des benachbarten Fensters und besteht weitgehend aus ursprünglichen Werksteinen.

► **Abb. 15**
Photogrammetrie Fenster 4, ehem. Peter-und-Paul-Kapelle

Die Überfangbögen – einerseits der das gesamte Couronnement umlaufende, dem inneren Gewändestab entwachsende Bogen, zum anderen die beiden die seitlichen Fensterbahnen überfangenden Spitzbögen und der große Okulus im Couronnement – sind wie üblich aus Rundstäben gebildet. Die zweite Ordnung der Hierarchie besteht aus spitzen Stäben und formt die zwei Spitzbögen über den seitlichen Fensterbahnen, denen Passformen eingeschrieben und ein mit den Stäben verschmelzender Okulus aufgesattelt sind. Der Okulus umschreibt einen stehenden Vierpass, mit blattförmig spitzen Pässen, deren nach innen frei auslaufende, dreieckig begrenzte Nasen mit feinen Blättern besetzt sind.

In einem Abstand von etwa 15–20 cm von der äußeren Kehle des den Spitzbogen überfangenden Rundstabes liegt ein etwa 10 cm breiter Bereich, der leicht erhaben gegenüber dem umgebenden Mauerwerk ist und sekundär abgearbeitet wurde. Dieser bildet einen Spitzbogen, der oben von dem barocken Gesims abgeschnitten wird. Reste eines Wimpergs sind lediglich in Form eines abgeschrägten Werksteins auf der östlichen Schulter der Werksteine des Fensterbogens erhalten, der zumindest die Steigung des ehemaligen Ortgangs andeutet. Seitlich des Sturzbogens sind allenthalben moderne Steine zum Teil mit scharrierter Oberfläche vorhanden. Abgeschlossen wird die Wandfläche durch das barocke Traufgesims, welches in den Scheitel des Sturzbogens einschneidet.

> **Abb. 16**
> Mainz, Dom St. Martin und St. Stephan, Fenster 3 und Vorhalle über dem Marktportal

Das dritte Fenster von Westen im Eingangsjoch

Das dritte Fenster von Westen **(Abb. 16)** ist ein einfaches Rundbogenfenster, welches vollständig aus senkrecht zu den langen Kanten geregelt scharrierten Werksteinen besteht. Lediglich die innere Kante ist viertelkreisförmig profiliert. Diese Profilierung läuft jedoch nicht auf die Sohlbank um. Sie ist lediglich nach außen leicht abgeschrägt. Das Fenster ist fast vollständig von jüngerem Mauerwerk umgeben. Es handelt sich um Ausbesserungen des 20. Jahrhunderts.

Die heutige Portalvorhalle des Willigisportals ist aus scharrierten Sandsteinen aufgemauert. Sie springt gegenüber der Mauerflucht um etwa 6–9 cm vor und ist durch hochrechteckige Spiegel dekoriert. Ihre Rahmung besteht aus schmalen, eingetieften Viertelkreiskehlen, die im unteren Bereich einschwingend mit einem feinen viertelkreisförmigen Fächermotiv dekoriert sind. Entsprechende viertelkreisförmig einschwingende Eckmotive bilden auch den oberen Abschluss zu deren Kämpferprofilen hin, auch hier, wenn auch teilweise verwittert, mit dem Fächermotiv. Darüber setzen die wuchtigen Kämpfersteine auf, bestehend aus unterem Plättchen, vorspringendem Wulst, parabelförmig nach oben vorschwingender Kehle, Plättchen, Viertelkreiswulst, Vorsprung und schließlich Platte, die mit Viertelkreiskehle in das obere Plättchen übergeht. Darauf ruht dann der die Nische überspannende Rundbogen mit innerer Kehle, Platte, Viertelkreiskehle, scharfer Nut und wiederum Platte, Viertelkreiskehle und äußerem Plättchen. Unmittelbar an den westlichen Pfeiler dieser großen Portalnischenrahmung schließt der Strebepfeiler für das nächste Fensterkompartiment an. Die barocken Werksteine sind offensichtlich dagegen gesetzt, sie sind jedenfalls nicht mit dem älteren Strebepfeiler verzahnt. Der Schlussstein des Rundbogens ist mit einer Wappenkartusche mit asymmetrischer Rokokorahmung besetzt. Das Wandfeld darüber bis hin zum Traufgesims ist, ähnlich wie bei den Gewänden der Eingangsnische, durch schmale Mauerstreifen umrahmt, wobei die oberen Ecken wiederum viertelkreisförmig in den Spiegel einspringen. Die gesamte Mauerwerksstruktur, soweit sie noch ältere Bausubstanz zeigt, ist aus scharrierten Sandsteinwerksteinen gemauert.

Die ehemalige Marien-Kapelle
Bei der ehemaligen Marien-Kapelle **(Abb. 17, 18)** – die einzige der Kapellen, die bereits bei ihrer Errichtung aus zwei Jochen bestand – stehen sowohl die Strebepfeiler als auch die Wandflächen dazwischen auf einem kräftig profilierten Sockel, der aus unterer Platte, Absatz, parabolischer, steil ansteigender Kehle, dreieckiger Nut, darüber liegendem flachem Wulst, der in eine parabelförmige Kehle übergeht und in ein dreieckiges Plättchen umknickt, besteht. Unmittelbar darauf beginnt dann das aufgehende Mauerwerk. Die Werksteine von Sockel und Strebepfeiler sind eng miteinander verzahnt. Es handelt sich also um eine einheitliche Baumaßnahme. Beim westlichen Strebepfeiler (Pfeiler 0, s. S. 152/153) des ersten Fensters ist der Sockel der hier behandelten spätgotischen Bauphase in den Sockel des romanischen Nordquerhauses eingefügt: Seine lange Fase ist dafür weitgehend ausgemeißelt. Darüber läuft der etwas niedrigere, jedoch stärker profilierte Sockel des gotischen Strebepfeilers, der in seiner aufgehenden Bausubstanz mit Fuge gegen das romanische Mauerwerk läuft. Das Sohlbankgesims der Fenster verkröpft sich um die Strebepfeiler und bildet damit den Abschluss der Brüstungsmauer. Das Sohlbankgesims besteht aus einer Platte und einem vorspringenden Wulst, der in eine steil nach oben verlaufende, dann relativ weit vorkragende Kehle in Form eines Wasserschlags übergeht. Die Kehle endet in einem hängenden schmalen Dreiecksgrad. Davon gehen eine flache Kehle sowie die dreieckig leicht schräg im Winkel von etwas mehr als 45 Grad nach oben verlaufende Stirnseite des Kaffgesimses aus. Ab dessen Oberkante beginnt dann die Verdachung des Gesimses, die kontinuierlich in die Pfeiler hineinläuft, während die Fenstersohlbänke etwas steiler leicht segmentbogig geschwungen nach oben verlaufen und jeweils aus zwei Steinschichten gemauert sind. In den Werksteinen sowohl der Brüstungsmauer als auch der Strebepfeiler sind im oberen Drittel jeweils Zangenlöcher vorhanden.

Die Gewändeprofile der beiden Fenster bestehen aus vier Stäben sowie vier Kehlen unterschiedlicher Breite. Zu den Strebepfeilern hin vermitteln jeweils schmale Mauerwerksstreifen. Das Profil beginnt dann zunächst mit einer schmalen Fase, darauf folgt eine schmale Kehle, die mehr oder weniger kontinuierlich in einen feinen Dreiviertelstab übergeht. Zur nächsten Kehle hin ist ein dreieckiger Absatz vorhanden, der an seiner Stirnseite angespitzt ist. Es schließt sich eine etwas weitere Kehle an, die über einen kontinuierlich aus der Kehle herauswachsenden, ganz schmalen Stab über eine dreieckige Nut in den im Winkel von 45 Grad ausgerichteten Hauptstab übergeht, der in Form eines Birnstabes an seiner Stirnseite eine Scheitelleiste trägt. Dieser Stab ist genauso dick wie der äußere. Ein kleiner Schwung vermittelt in eine weitere Kehle mit dreieckigem Absatz zum nächsten Stab, der nochmals dünner bemessen ist und keine Scheitelleiste trägt. Davon ausgehend folgt ohne Absatz eine weitere schmale Kehle, darauf wiederum ein dreieckiger Absatz mit Nut sowie ein relativ schmaler Stab, der etwa halb so dick wie die äußeren Stäbe ist. Dieser geht vermittels eines dreieckigen Absatzes in eine steile Kehle in der ein weiterer, noch schmalerer Stab mit Platte zur Kehle hin angeordnet ist, die ihrerseits zu den Nuten der Fensterverschlüsse überleitet, über. Sämtliche Stäbe sind mit kleinen mehr oder weniger gleichartig gestalteten Postamenten ausgestattet, die rund aus der Fenstersohlbank herauswachsen. Darüber sitzen aus dem Oktogon entwickelte, flach gekehlte Schäfte, die nach oben hin zu den Stäben durch unterschiedlich hohe Deckplatten begrenzt sind. Die Deckplatten bestehen in der Regel aus umlaufendem, schmalem Dreiviertelwulst, darüber mit Absatz steil aufragende parabolische Kehle, die mit einem weiteren Absatz in die Stäbe übergeht. Je nach Stellung im Gewände sind die Postamente entsprechend der steilen Sohlbank unterschiedlich hoch.

Die Fensterpfosten haben eine ähnliche Gliederung, sind jedoch hierarchisch unterschieden. Die äußeren zwei Pfosten der vierbahnigen Fenster haben auf die Nut für die Verglasung folgend Plättchen, steile Kehle, dreieckiger Absatz mit Nut und eine Dreiviertelstabstirnleiste. Eine Basis ist nicht vorhanden. Beim mittleren Pfosten besteht das Profil zur Fensterverglasung hin ähnlich aus einer Platte, steiler Kehle, dreieckigem Absatz und Stab, jedoch nun in Form von zwei Stäben, die seitlich einer steil aufragenden mittleren Kehle mit dreieckigem Abschluss zugeordnet sind, darauf dann ein etwas dickerer Scheitelstab, der nun wiederum auf einem oktogonalen Postament mit Deckplatte aufsitzt, im Prinzip also die Gliederung des zweiten Stabelements der Gewände aufnimmt. Die beiden Fenster der ehemaligen Marien-Kapelle haben identische Gewände-und Pfostenprofile.

◀ **Abb. 17**
*Mainz, Dom St. Martin
und St. Stephan, Fenster 2,
Ostfenster der
ehem. Marien-Kapelle*

Das Maßwerk im Couronnement des westlichen Fensters **(Abb. 18)** besteht aus einem den Sturz umlaufenden äußeren Stab sowie einem Birnstab und dem nächstfolgenden, nach innen liegenden Stab inklusive Kehlen, wobei sich alle Stäbe im Scheitel des Spitzbogens treffen und, sich dort wechselseitig überschneidend, in den Kehlen auslaufen. Über den Werksteinen des Sturzes ist eine weitere Schicht von Werksteinen mit entsprechendem Fugenschnitt vorhanden, die zu ihren Außenkanten hin ein wenig vorspringen, doch sind hier sämtliche Werksteine entweder erneuert oder „überschliffen", sodass keine Spuren einer älteren Bearbeitung mehr vorhanden sind. Während die drei äußeren Stäbe lediglich die Profilierung des Fenstersturzes bilden, rahmt der innere Stab das eigentliche Fenstergewände und ist zugleich Bestandteil von dessen verschliffenem Maßwerk. Er bildet also die die Maßwerke nach außen hin begrenzende Kontur, wobei sich im Scheitel des Spitzbogens diese Stäbe ebenfalls überschneiden.

Im Fenster sind jeweils zwei Bahnen durch einen Rundbogen zusammengefasst. In diese Bögen sind, den einzelnen Fensterbahnen zugeordnet, jeweils genaste Spitzbögen eingeschrieben, die jedoch, entsprechend der seitlichen Fensterpfosten, aus dem angespitzten Dreiecksprofil entwickelt sind und eine Ebene tiefer liegen. Der Hauptstab des mittleren Pfostens bildet demgegenüber die gestäbte Profilierung der Rundbögen. Über diesen entwickelt sich ein komplexes System aus Fischblasen, wobei offensichtlich ein Großteil der Maßwerkelemente noch ursprünglich ist. Lediglich einige Spitzen und eine Art Kreuzblume in der Mitte der Konstruktion scheinen erneuert zu sein. Die Maßwerkform ist folgendermaßen konstruiert: Über den Scheiteln der Rundbögen erheben sich zwei hängende Fischblasen, die nach innen zur Mittelachse hin verschmelzen und über dem Zusammenstoß der Rundbögen einen spitzen Kielbogen bilden. Ihre unteren Konturen bilden in der Mittelachse, dort, wo sie aneinandertreffen, eine freistehende aufsteigende Kreuzblume. Die Fischblasen

► **Abb. 18**
Mainz, Dom St. Martin und St. Stephan, Fenster 1, Westfenster der ehem. Marien-Kapelle

selbst sind, wie es hier üblich ist, genast. Oberhalb dieser nach oben eher herzförmig begrenzten Konfiguration steigen von den Seiten zum Zentrum hin zwei weitere große Fischblasen auf, die sich in der Mittelachse treffen, jedoch nicht bis zum Scheitel des Hauptbogens hochlaufen, sondern hier ein kleines, sphärisches Dreieck bilden.

Im zweiten Fenster von Westen **(Abb. 17)** scheint das Maßwerk im Wesentlichen erneuert zu sein, vor allen Dingen ist das Mauerwerk über dem Fenster aus neuen Steinen. Einzelne Teile des Maßwerks und des Gewändes könnten noch alt sein. Das Maßwerk nimmt die Motive des ersten Fensters auf, variiert sie jedoch: Die Rundbögen über den zwei Fensterbahnen inklusive den in sie eingeschriebenen Spitzbögen über den einzelnen Fensterbahnen sind identisch. Darüber jedoch sind nicht die symmetrisch hängenden Fischblasen vorhanden, sondern aus dem mittleren Pfosten wächst ein senkrecht nach oben verlaufender Stab, der eine bis in den Scheitel hochlaufende Konfiguration aus zwei Fischblasen trägt. Sie ist ähnlich dem westlichen Fenster gestaltet und trägt in ihrer Mittelachse eine Kreuzblume, welche nun jedoch im Unterschied zum westlichen Fenster nach unten hängend angeordnet ist. Während beim ersten Fenster die aufsteigenden Fischblasen über diese Konfiguration gelegt waren, sind diese nun darunter angeordnet, und zwar von den äußeren Zwickeln ausgehend zur herzförmigen Konfiguration in der Mittelachse des Couronnements hin ausgerichtet.

Beide Fenster sind stilistisch einheitlich gestaltet, wenn auch mit den für das späte 15. Jahrhundert üblichen Variationen in der Verwendung des Fischblasenmaßwerks.

---

1 Eine detaillierte Beschreibung, die auf der Untersuchung der Nordfassade und den daraus resultierenden Einzelbefunden basiert, findet sich im Untersuchungsbericht des IBD Marburg, der im Dombauamt Mainz vorliegt. **2** Zur Funktion der Kapellen siehe Jürgensmeier 1986 II, S. 42–45.

ELMAR ALTWASSER
REKONSTRUKTION – STRUKTUR – WÜRDIGUNG

◄ Abb. 1
Bernhard Hundeshagen, Mainz, Dom St. Martin und St. Stephan, Ansicht von Nordwesten, Aquarell um 1820, GDKE Rheinland-Pfalz, Landesmuseum Mainz

Bauphase I – Die östlichen sieben Kapellen (1279 bis um 1291)

Das Erscheinungsbild der Nordfassade des Mainzer Doms und der Nordseitenschiffskapellen ist bis heute weitgehend durch den barocken Wiederaufbau nach dem Brand von 1767 geprägt, wenngleich die Dächer nach den Zerstörungen des Zweiten Weltkriegs nur noch in Form eines einfachen, flach geneigten Pultdaches wiederaufgebaut wurden. Der Brand von 1767 hatte damals auch die Dächer über dem Seitenschiff und über den Kapellen vollständig zerstört. Ein Aquarell von Bernhard Hundeshagen, das um 1820 entstanden ist, lässt eine Dachlandschaft in Form von kleinen, die Seitenschiffsjoche und Kapellen zusammenfassenden, oberhalb der Kapellen abgewalmten Satteldächern erahnen **(Abb. 1)**. Die großen Maßwerkfenster waren vom Brand offenbar nicht betroffen. Das zeigt der Bestand: Bis auf wenige Reparaturen ist er bis heute im Wesentlichen in seiner ursprünglichen Struktur erhalten – auch bei der Erneuerung der Maßwerke der beiden östlichen Kapellen nach dem Zweiten Weltkrieg hat man sich akribisch an der ursprünglichen Form orientiert.[1] Die Wimperge, die ursprünglich die Maßwerkfenster aller Kapellen bekrönten, sind ebenso wie die oberen Abschlüsse der Strebepfeiler im Zuge des nach Plänen von Valentin Thomann ausgeführten Wiederaufbaus verschwunden und durch ein mehrfach profiliertes, um die Strebepfeiler verkröpftes Traufgesims mit Vasen als Bekrönung der Strebepfeiler ersetzt worden.[2]

◄ **Abb. 2**
Mainz, Dom St. Martin und St. Stephan, Fenster 10, Victor-Kapelle

◄ **Abb. 3**
Photogrammetrie Fenster 9, ehem. Barbara-Kapelle

◄ **Abb. 4**
Photogrammetrie Fenster 4, ehem. Peter-und-Paul-Kapelle

Die Spuren der ehemaligen Wimperge sind noch bei einigen Fenstern vorhanden. So kann man bei der ersten und zweiten Kapelle von Osten (Victor-Kapelle und ehemalige Barbara-Kapelle) noch gut die Abdrücke der ehemaligen Wimperge im aufgehenden Mauerwerk erkennen **(Abb. 2, 3)**. Bei den nach Westen anschließenden Kapellen folgt den Bögen der Fenster jeweils eine neue Quaderreihe, sodass mit Ausnahme des Fensters der ehemaligen Peter-und-Paul-Kapelle (heute das westliche Joch der Marien-Kapelle mit Fenster 4, **Abb. 4**) die Wimperge im aufgehenden Mauerwerk nicht mehr nachvollziehbar sind. Hier ist zwischen Fensterbogen und Strebepfeiler (Pfeiler 4, s. S. 152/153) noch ein geneigter Quader im Mauerverband erhalten, sodass die Neigung der Wimperge sowohl bei den achtbahnigen als auch bei den vierbahnigen Fenstern der Nordfassade gut nachvollzogen werden kann.[3] Entsprechend der größeren Steilheit der ab der dritten Kapelle von Osten nurmehr vierbahnigen Fenster liegen auch die Kämpfer der damit schmaleren Fenster um einiges höher. Entsprechend setzten auch die Wimperge bei den nach Westen folgenden Kapellen fast drei Meter höher an als bei den breiteren östlichen Kapellen.[4] Die Höhe des Ansatzes der Wimperge über den schmaleren Kapellenfenstern und der daraus resultierende flacher geneigte Ortgang ergeben jedoch eine identische Firsthöhe dieser Wimperge mit der der erheblich breiteren beiden östlichen Fenster, sodass alle Wimperge einheitlich hoch gewesen sein dürften. Dadurch wurde trotz der großen Breitenunterschiede der Kapellen, mithin auch der Position der Strebepfeiler, ein von Osten nach Westen einheitlich durchlaufendes Gesamtbild erreicht.

◄ **Abb.5**
*Köln, Dom St. Peter,
Chorobergaden von Süden*

▲ **Abb. 6**
Wetzlar, Dom Unsere Liebe Frau, Aufriss der Nordseite nach der Wiederherstellung, 1904

Eine Rekonstruktion der Nordfassade des Mainzer Doms kann sich neben den Befunden am Bau selbst auf zwei erhaltene, ältere Abbildungen, die den Zustand vor den Umbauten nach dem Brand des Doms im Jahre 1767 zeigen, stützen. Hinweise auf das ursprüngliche Aussehen der Mainzer Giebel geben außerdem die Wimperge des Chorobergadens am Kölner Dom **(Abb. 5)**. Bei den teilweise erhaltenen Wimpergen am Nordquerhaus der Stiftskirche zu Wetzlar **(Abb. 6)**, welche Anfang des 20. Jahrhunderts in ihren oberen Bereichen rekonstruiert wurden, scheint es sich um eine unmittelbare Nachfolge der Mainzer Wimperge zu handeln, wie weiter unten gezeigt werden wird.

Eine der Darstellungen der Nordfassade des Mainzer Doms entstand kurz nach dem Brand vom 22. Mai 1767 und zeigt den vorhergehenden Zustand, gewissermaßen aus der Erinnerung des Malers heraus **(Abb. 7)**. Die Dächer der Wohn- und Geschäftshäuser, die den Dom an seiner Nordseite begleiteten, werden von den Fenstern, Strebepfeilern und Wimpergen der Kapellen überragt. Entgegen

Rekonstruktion – Struktur – Würdigung

▲ Abb. 7
Mainz, Dom St. Martin und St. Stephan, Ansicht der Nordseite nach 1767, Stadtarchiv Mainz

der Realität sind hier zwölf solcher Giebel dargestellt, während in Wirklichkeit nur neun existiert haben können. An der Stelle, wo heute die Traufe durch den Einbau der barocken Portalvorhalle geschlossen erscheint, hat der Zeichner drei zusätzliche Giebel erfunden, obwohl hier ursprünglich gar keine Kapelleneinbauten vorhanden waren, sondern das Marktportal mit dem darüberliegenden romanischen Mauerwerk unberührt geblieben war.[5] Offensichtlich hat der Künstler den Zustand vor der Brandzerstörung und dem Umbau zu rekonstruieren versucht. Immerhin sind die Giebel relativ steil dargestellt, ihre Ortgänge sind mit angedeuteten Kriechblumen verziert, und die Firste werden von Kreuzblumen bekrönt. Die Wimperge sind mit maßwerkartigen Ornamenten gefüllt. Die Fenster hingegen sind völlig falsch dargestellt, obwohl sie vom Brand nicht beeinträchtigt waren. Damit gibt die Darstellung zwar die Grundstruktur der Fassade wieder, ist aber im Detail zu wenig genau für eine Rekonstruktion des Bestandes.

Eine Radierung aus dem ersten Viertel des 18. Jahrhunderts **(Abb. 8)** zeigt korrekt abgebildete Details, die bezogen auf das bis heute Erhaltene am Bestand nachvollzogen werden können: So sehen wir hier die wuchtigen Strebepfeiler, die die Kanten der Querhausstirn einfassen, ebenso wie die beiden etwas niedrigeren Strebepfeiler auf der Querhausstirn. Auch das große Rundfenster hier, das zu beiden Seiten von je drei Blendbögen begleitet wird, und die kleine Blendgalerie darüber sind korrekt dargestellt. Die Anzahl der Kapellen mit ihren steilen Wimpergen ist im Unterschied zu der jüngeren Darstellung hier richtig angegeben: Östlich des Nordportals sind sieben Kapellen vorhanden, dann folgt die Lücke im Bereich des Portals, und daran schließen sich die beiden Fenster der spätgotischen Kapelle im Westen an. Auch die Perspektive ist konsequenter berücksichtigt als bei der 50 Jahre jüngeren Darstellung. So blickt der Betrachter senkrecht auf die östlichen Kapellen, während nach Westen hin die Strebepfeiler mehr und mehr in Schrägansicht erscheinen und konsequenterweise die Fenster teilweise überschneiden. Wenngleich die Fenster selbst in der Zahl der Bahnen und im Aussehen ihrer Couronnements hier keine getreue Abbildung finden, darf die Radierung wohl dennoch zumindest als Hinweis auf das Aussehen der Wimperge und die Bekrönung der Strebepfeiler gelten. Die Ortgänge der Wimperge sind mit einem Steigungswinkel von

15–20 Grad angegeben, was durchaus dem Steigungswinkel der noch im Bestand erhaltenen Werksteine entspricht. Die Ortganggesimse sind mit acht bis neun Kriechblumen besetzt, die Giebel sind jeweils von hoch aufragenden Kreuzblumen gekrönt. Als Füllung in den Wimpergen finden sich der liegende Dreipass, der stehende Vierpass und vor allen Dingen der Dreistrahl, der zu den damals modernsten Schöpfungen der insbesondere in Straßburg und Köln entwickelten Maßwerkformen gehörte. Besonders interessant erscheint die Darstellung der Aufsätze auf den Strebepfeilern: Über einem horizontalen, relativ flachen Gesims erhebt sich zunächst ein kleinteiliger, nicht genau zu definierender architektonischer Unterbau, auf dem zwei unterschiedlich hohe Fialen aufsitzen, an der Vorderkante des Strebepfeilers eine niedrigere, etwas versetzt dahinter eine höhere Fiale mit hoch aufragender Kreuzblume, welche auf derselben Höhe wie die Wimperge endet. Diese auf den ersten Blick etwas ungewöhnliche Struktur findet sich auch bei den Bekrönungen der Strebepfeiler am Kölner Chorobergaden, der etwa gleichzeitig errichtet wurde **(Abb. 5, 9)**. Auch hier sitzt an der Vorderkante des Pfeilers eine etwas niedrigere Fiale mit Kreuzblume und an der Hinterkante eine stärker gegliederte, höher aufragende Fiale, die ebenfalls in einer Kreuzblume endet, wobei die Fialen an ihren Kanten mit kleinen Kriechblumen besetzt sind.

Wenn man nun unter Berücksichtigung der Befunde und in Analogie zu Köln und Wetzlar das ursprüngliche Aussehen der Nordkapellenreihe am Mainzer Dom rekonstruiert, ergibt sich eine weitaus monumentalere und imposantere Erscheinung der Fassade, als dies heute der Fall ist (Rekonstruktion siehe Beilage). So scheint mit dem Anbau der Kapellenreihe eine weitgehende „Gotisierung" der Nordfassade des romanischen Baus stattgefunden zu haben. Damit wurde der romanische Dom also nicht nur erweitert, vielmehr wurden vor allem die stilistisch modernsten Formen der Kathedralgotik auch in Mainz umgesetzt. Mainz konkurrierte mit seiner neuen, der Stadt zugewandten Nordfassade nicht nur mit Köln, Straßburg und den französischen Kathedralbauprojekten, sondern entwickelte zugleich eine wegweisende neue Gestaltung seiner Seitenfassade, indem die bisher den Hochchören vorbehaltene Bereicherung mit Wimpergen hier auf die Langhausfassade transponiert und damit dem Kirchenschiff die Würde eines Chors verliehen wurde.

▲ **Abb. 8**
Nikolaus Person (?), Ansicht der Nordseite des Mainzer Doms, Kupferstich um 1700

▶▶ **Abb. 9**
Köln, Dombauarchiv, Sulpiz Boiserée, Ansichten, Risse und einzelne Theile des Doms zu Köln, Kölner Dom, Ansicht von Süden, Gesamtansicht

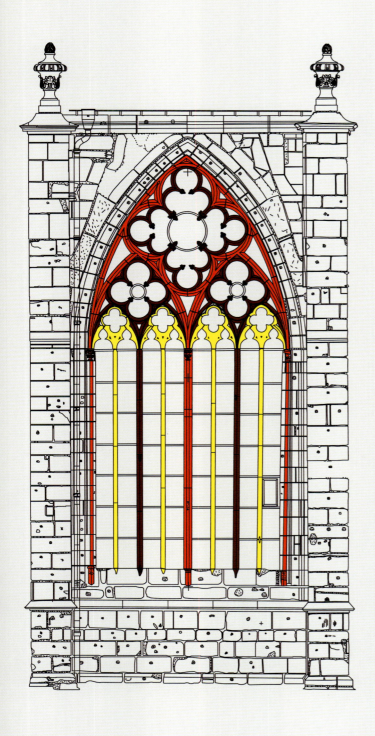

◀ **Abb. 10**
Photogrammetrie Fenster 10 mit Hierarchie des Maßwerks

Auch wenn die Maßwerke der östlichen Kapellen nach dem Zweiten Weltkrieg weitgehend erneuert wurden, sind sie eine getreue Kopie des ursprünglichen Zustands und können somit formal-stilistisch wie die Originale analysiert werden. Sie gehören zu den monumentalsten und wichtigsten Fenstern der ältesten Bauphase von 1279–1291. Die Maßwerke dieser zwei östlichen Kapellen sind konsequent homolog-hierarchisch aufgebaut. Die erste Ordnung entspricht den sogenannten alten Diensten der Pfeiler, welche im Gewölbesystem Gurt- und Scheidbögen zugeordnet sind. In der Skizze **(Abb. 10)** ist diese Ordnung in roter Farbe angedeutet. Im Gewände der Fenster besteht die erste Ordnung aus Rundstäben mit kleinen Tellerbasen auf oktogonalen Postamenten und Kapitellen. Die Rundstäbe der ersten Ordnung tragen den das gesamte Fenster überfangenden großen Spitzbogen sowie zusammen mit dem mittleren Pfosten und seinem Rundstab die beiden kleineren, jeweils vier Bahnen des Fensters zusammenfassenden Bögen im Fenster. Diesen beiden kleineren Spitzbögen ist ein von einem Rundstab eingefasster stehender Vierpass aufgesattelt. Das ist die Hauptstruktur des Couronnements, wobei sich die Konturen der Bögen und der Einfassung des Vier-

▶ **Abb. 11**
Photogrammetrie Fenster 8 mit Hierarchie des Maßwerks

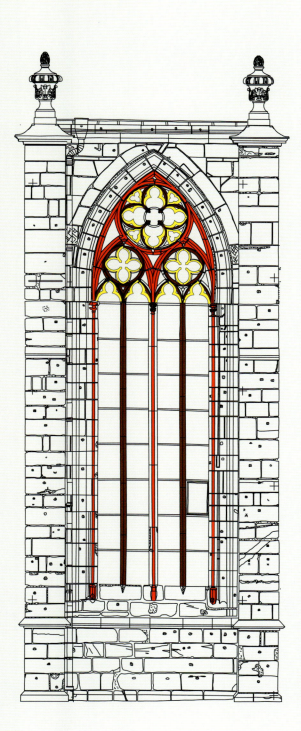

passes miteinander verschleifen. Die zweite Ordnung entspricht den jungen Diensten, die im Gewölbe die Gewölberippen tragen. Sie liegt gegenüber der ersten Ordnung eine Ebene tiefer (in der Skizze mit brauner Farbe markiert). Hier finden sich keine Rundstäbe mehr, sondern die Pfosten sind lediglich gekehlt und verzichten entsprechend auf Basis und Kapitell. Diese zweite Ordnung überfängt jeweils zwei Fensterbahnen mit Spitzbögen. Ihnen sind wiederum stehende Vierpässe aufgesattelt, deren Nasen mit lilienartigen Blattformen bereichert sind. Die dritte Ordnung (in der Skizze mit gelber Farbe angelegt) ist ebenfalls lediglich einfach gekehlt, liegt gegenüber der zweiten Ordnung jedoch wiederum eine weitere Ebene tiefer, entsprechend sind ihre Pfosten ohne Rücken angespitzt und schmaler als die der zweiten Ordnung. Diese Ordnung des Maßwerks überfängt jede einzelne Fensterbahn mit einem genasten Spitzbogen, dem ein einfacher stehender Vierpass aufgesattelt ist.

Prinzipiell gleichartig bezüglich der homolog-hierarchischen Struktur ist das Fenster der ursprünglichen Nazarius-Kapelle[6] (dritte Kapelle von Osten mit Fenster 8) gestaltet, weist jedoch gegenüber den östlichen beiden einige Besonderheiten auf **(Abb. 11)**. Da die Kapellen ab hier die Breite eines Seitenschiffjochs

Rekonstruktion – Struktur – Würdigung

▲ Abb. 12
Marburg, Elisabethkirche, Westteile der Langhaussüdseite, nach 1250

▶ Abb. 13
Mainz, Dom St. Martin und St. Stephan, Fenster 7, ehem. Magnus-Kapelle.

des romanischen Langhauses aufweisen, also wesentlich schmaler als die östlichen Kapellen sind, sind nun die Fenster nur noch vierbahnig. Die Rundstäbe der ersten Ordnung zeigen wie bei den östlichen Kapellenfenstern jeweils Kapitell und Basis. Nun jedoch fassen die Stäbe der ersten Ordnung nicht vier, sondern jeweils nur zwei Fensterbahnen zu Spitzbögen zusammen und bilden im Couronnement einen aufgesattelten Okulus aus. Diese Grundstruktur ist durchaus traditionell und tritt in dieser Form, ebenfalls mit verschliffenen Maßwerkstäben, bereits an den Fenstern des ab 1250 errichteten westlichen Abschnitts des Langhauses der Elisabethkirche in Marburg auf **(Abb. 12)**. Jedoch ist in Mainz diese Grundform durch zwei weitere Ordnungen bereichert. Die zweite Ordnung überfängt die einzelnen Fensterbahnen mit Spitzbögen und bildet am Scheitel angespitzte Pfosten ohne Kapitell und Basis aus, entsprechend den Pfosten der beiden östlichen Kapellen. Diesen Spitzbögen sind Okuli aufgesattelt, die homolog-hierarchisch dem großen Scheitelokulus der ersten Ord-

nung entsprechen. In diesem beschreibt die zweite Ordnung einen stehenden Vierpass, dessen einzelne Pässe jedoch nicht rund, sondern leicht spitzoval gestaltet sind. Auch hier sind die Nasen des Passes mit Blattmotiven dekoriert. Die dritte Ordnung bereichert diese Strukturen um weitere Elemente: So können gegebenenfalls die Nasungen in den unteren Spitzbögen bereits dieser Ordnung zugerechnet werden, ebenso wie die in die kleinen Okuli eingeschriebenen stehenden Vierpässe, die wie der große Vierpass der zweiten Ordnung gespitzt sind und hier wiederum das homolog-hierarchische Prinzip verdeutlichen. In der oberen Zone sind in dieser Ordnung die Bereicherung des Vierpasses durch Nasen hinzuzurechnen, sodass nun ein Zwölfpass entsteht, wozu vor allen Dingen die kleinen, in die Zwickel zwischen Pass und Kreis eingesetzten zentrifugalen Dreiblätter kommen, die als ein vollkommen neues Element der Maßwerkformen zu werten sind.

Das Fenster der ehemaligen Magnus-Kapelle (vierte Kapelle von Osten mit Fenster 7, heute der östliche Teil der jetzt größeren Magnus-Kapelle, **Abb. 13**) hat zwar identisches Maßwerk im Couronnement wie das der Nazarius-Kapelle **(Abb. 11, 14)**, weist jedoch eine neue, reichere Gliederung der beiden Gewände auf. Neben den Stäben der ersten Ordnung mit ihren Basen und Kapitellen sind in die Gewände jeweils zwei weitere Stäbe unterschiedlicher Stärke eingestellt, die ebenfalls Basen und Kapitelle aufweisen und entsprechende Bögen tragen. In der Kämpferzone entstehen somit Gruppen von jeweils drei nebeneinanderliegenden Kapitellen, die jeweils aus einem großen Werkstein herausgearbeitet sind. Im Unterschied zu den östlichen Kapellen, deren Gewände lediglich durch eine weite, flach segmentbogige Kehle bestimmt werden, ist nun das Gewände durch zwei tiefe halbkreisförmige Kehlen als Schattenzonen zwischen den Stäben differenziert gegliedert. Dieses neue Konzept zeigt sich auch im Inneren der Kapelle, wo nun die Wandvorlagen und Pfeiler durch eine Vermehrung der Kehlen und Stäbe beziehungsweise Dienste so strukturiert sind, dass der Pfeilerkern vollständig von den Profilierungen zergliedert ist und als solcher überhaupt nicht mehr wahrgenommen werden kann. Der Pfeiler ist nun nicht mehr ein eigenständiges stützendes Bauelement, wird zumindest als solches nicht mehr artikuliert, sondern seine Struktur ist vollständig von der Struktur der Gewölbe und Bögen bestimmt. Damit ist hier zwar kein vollständiger Planwechsel in der Gesamtstruktur der Kapellen festzustellen, wohl

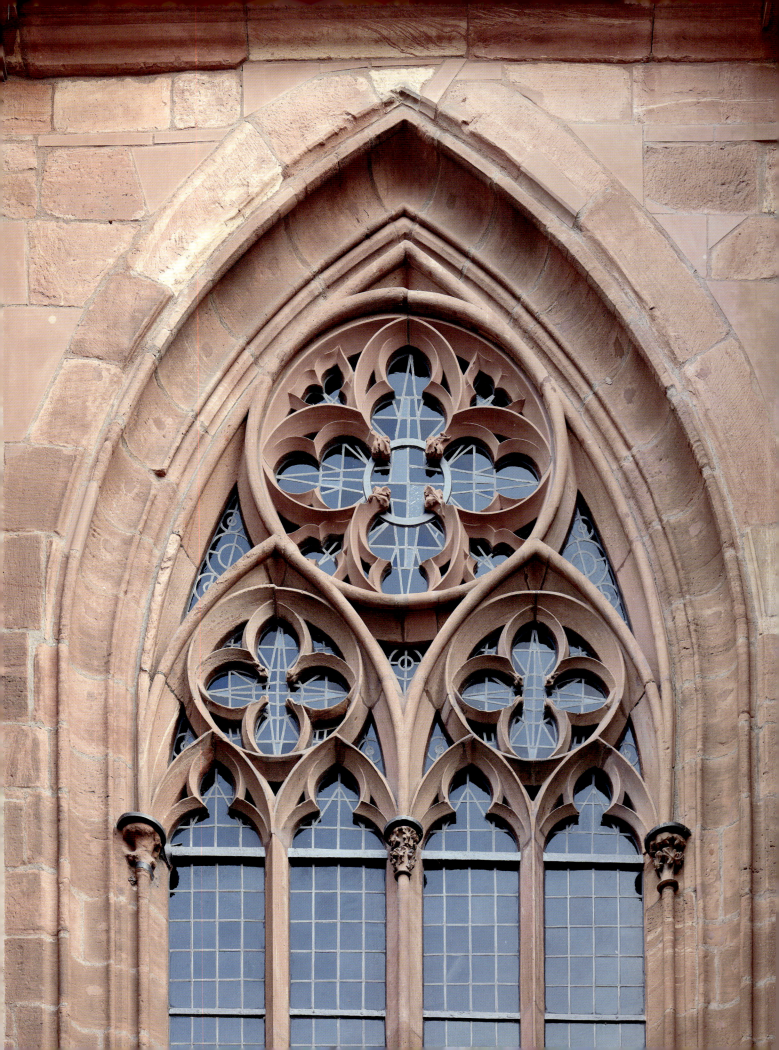

aber eine neue Auffassung in der Gestaltung der den Wandaufriss gliedernden einzelnen Elemente. Diese neue Struktur findet sich auch in den immer wieder in der Literatur besprochenen Maßwerkvorhängen, die nun die einzelnen Kapellenräume voneinander trennen **(Abb. 15)**. Ab der ehemaligen Magnus-Kapelle wird also eine neue, in der Entwicklung modernere Form hochgotischer Architektur in Mainz übernommen. Dies korrespondiert auch mit dem Erscheinen von entwickelteren, moderneren Laubkapitellen. Auch die Tatsache, dass nun die Steinmetzzeichen auf den einzelnen Werksteinquadern fast vollständig verschwinden, kann als Indiz für eine neue Werkstattorganisation gewertet werden.

Bei der ehemaligen Lambertus-Kapelle (fünfte Kapelle von Osten, heute der westliche Teil der jetzt größeren Magnus-Kapelle mit Fenster 6, **Abb. 16**) wird dieses neue Gestaltungsprinzip beibehalten, ebenso ist der Aufbau des Maßwerks im Couronnement identisch. Es gibt lediglich einige wenige Varianten: So sind die in die unteren Okuli eingeschriebenen stehenden Vierpässe nicht angespitzt, sondern, wie bei den östlichen Fenstern, rund. Ihre Nasungen sind nicht mit Blattmotiven besetzt, sondern einfach angespitzt. Und im Unterschied zum benachbarten Fenster sitzt im großen oberen Okulus kein Vierpass, sondern ein angespitzter und mit Nasen versehener Fünfpass. Auch seine Spitzen sind nicht mehr mit Blattmotiven dekoriert. Anstelle der zentrifugalen Dreiblätter in den Zwickeln sind nun fünf vollständig gerundete Dreipässe vorhanden.

Das Fenster der ehemaligen Bonifatius-Kapelle (sechste Kapelle von Osten mit Fenster 5, heute der östliche Teil der Marien-Kapelle, **Abb. 17**) kopiert im Maßwerk seines Couronnements vollständig dasjenige des Fensters der Lambertus-Kapelle, lediglich die Blattmotive an den Spitzen des oberen Vierpasses fallen nun weg. Und auch das Maßwerk der ehemaligen St. Peter-und-Paul-Kapelle (siebte Kapelle von Osten mit Fenster 4, bildet heute zusammen mit der ehemaligen Bonifatius-Kapelle die größere Marien-Kapelle, **Abb. 18**) übernimmt diesen Typus, ohne ihn weiter zu variieren.

So haben die Fenster der dritten bis siebten Kapelle ein sehr einheitliches Maßwerk. Vier der fünf Fenster sind gleichartig gestaltet, lediglich das mittlere zeigt mit seinem Fünfpass im oberen Okulus (Fenster 6, **Abb. 16**) eine Variante in Form einer Bereicherung des Maßwerks. Auch wenn sich also ausgehend von den Formen des Maßwerks der

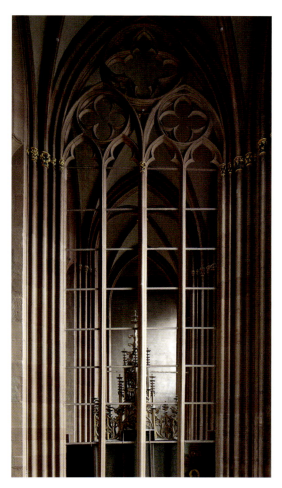

◄ **Abb. 14**
Mainz, Dom St. Martin und St. Stephan, Fenster 8, ehem. Nazarius-Kapelle

◄ **Abb. 15**
Mainz, Dom St. Martin und St. Stephan, Inneres nach Westen, einer der Maßwerkvorhänge zwischen den gotischen Kapellen

ehemaligen Nazarius-Kapelle bis zum Maßwerk der ehemaligen Magnus-Kapelle die Struktur des Fenstergewändes verändert, ab hier also ein neues Konzept, mithin ein zweiter Bauabschnitt (Bauphase Ib) zu konstatieren ist, sind die fünf Fenster so aufeinander bezogen, dass jeweils die beiden äußeren gleichartig gestaltet sind, während das mittlere dieser vierbahnigen Fenster herausgehoben ist. Damit bildet das mittlere, vierbahnige Fenster dieser Fünfergruppe gewissermaßen eine Mittelachse und evoziert dadurch gleichsam eine Hierarchie innerhalb der Fenstergruppe.

Sucht man nach Vergleichsbeispielen für das Maßwerk der beiden östlichen Fenster, so findet man sie in fast identischer Form bei den Obergadenfenstern des Kölner Domchores **(Abb. 19)**. Es handelt sich um die östlichen Fenster des Langchores, die im Rahmen einer Neuplanung errichtet wurden. Die westlichen Fenster nämlich zeigen noch eine etwas andere Maßwerkform. Im Prinzip sind die östlichen Kölner Fenster identisch aufgebaut wie die Mainzer: auch hier

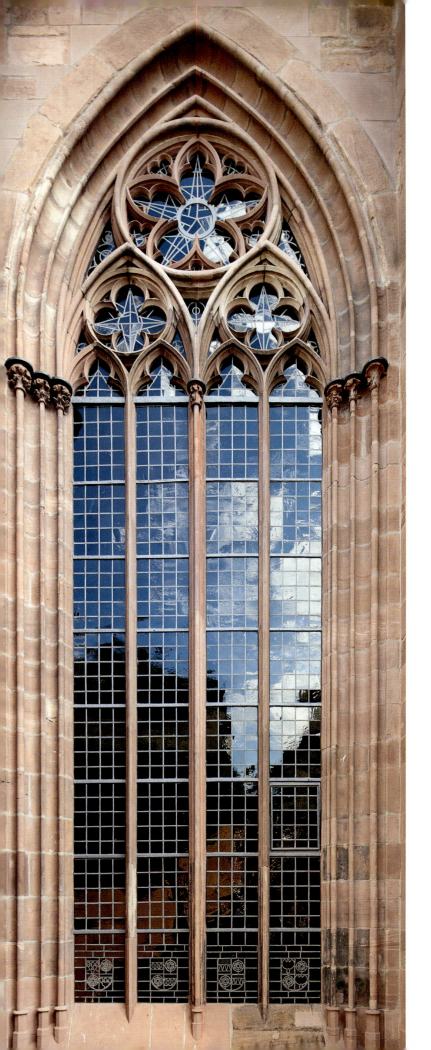

bekrönt die unteren Spitzbögen ein großer Vierpass, der zwischen diese und dem Überfangbogen eingepasst ist und ebenfalls weitere Dreipässe enthält, deren Nasen mit lilienförmigen Blattmotiven dekoriert sind. Ein Unterschied besteht darin, dass die Kölner Spitzbögen mit größeren Radiusproportionen etwas steiler entworfen sind. Außerdem werden in Köln in die kleineren Spitzbögen Kreise mit genasten Fünfpässen eingeschrieben, die auf weiteren genasten unteren Spitzbögen ruhen. In Mainz hingegen, wo die Fenster achtbahnig sind, wird eine weitere, dritte Ordnung von kleineren Spitzbögen eingestellt. Viel konsequenter als in Köln ist hier also die homologe Hierarchie der Passformen realisiert. Köln also, und nicht etwa die Langhausfenster von Straßburg oder die ab 1276 realisierten Formen der Straßburger Westfassade, sind für Mainz das Vorbild und insofern der Konkurrenzbau, an welchem man sich orientierte. 1248 wurde der gotische Neubau des Kölner Domchores unter Meister Arnold begonnen. Das Erdgeschoss des Chores war zwischen 1265 und 1270 fertiggestellt und benutzbar. Der Chorobergaden mit seinem zugehörigen Strebewerk und Gewölbe wurde – nach aktuellem Forschungsstand – ab 1270/71 errichtet und dürfte bis um 1285 weitgehend vollendet gewesen sein. Spätestens Mitte der Siebzigerjahre des 13. Jahrhunderts existierte folglich das Vorbild für die beiden östlichen Kapellenfenster von Mainz, die ab 1279 begonnen werden und mit Errichtung der dritten Kapelle von Osten spätestens 1285 vollendet sind. Damit werden die Mainzer Fenster mehr oder weniger zeitgleich zu den Kölner Obergadenfenstern errichtet und, wie oben dargelegt, insbesondere durch die acht Fensterbahnen und eine weitere Maßwerkordnung bereichert. Insofern übertreffen die Mainzer Fenster sogar ihr Kölner Vorbild, sie entwickeln es weiter im Sinne eines „Reichtums durch Vielfalt", wie es M. C. Schurr für die Entwicklung der gotischen Formen zwischen 1280 und 1340 postuliert hat.[7] Neben den ersten achtbahnigen Fenstern auf deutschem Boden ist es jedoch vor allen Dingen die Übertragung der die Fenster bekrönenden Wimperge an die Seitenschiffsfassade des Mainzer Doms, die als besondere Innovation zu werten ist. Bis zu diesem Zeitpunkt nämlich akzentuieren aneinandergereihte Wimperge vornehmlich die Obergaden der Chöre von Kathedralen, während an den Langhäusern in der Regel durchlaufende horizontale Gesimse oder Brüstungen den Abschluss zu den Dächern sowohl der Seitenschiffe als auch der

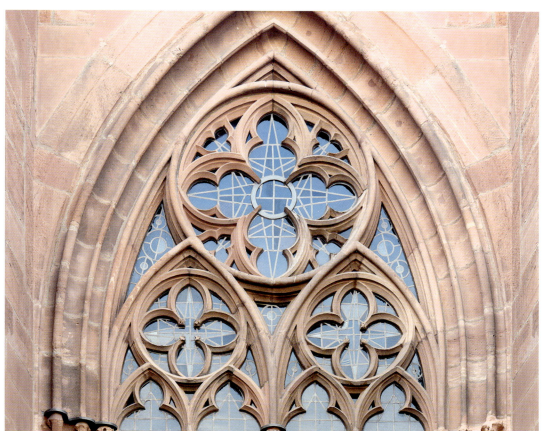

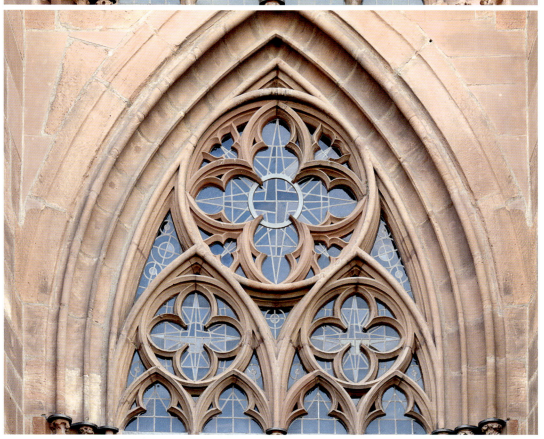

◄ **Abb. 16**
Mainz, Dom St. Martin und St. Stephan, Fenster 6, ehem. Lambertus-Kapelle, Detail Couronnement.

◄ **Abb. 17**
Mainz, Dom St. Martin und St. Stephan, Fenster 5, ehem. Bonifatius-Kapelle, Detail Couronnement

◄ **Abb. 18**
Mainz, Dom St. Martin und St. Stephan, Fenster 4, ehem. Peter-und-Paul-Kapelle, Detail Couronnement

Rekonstruktion – Struktur – Würdigung

▲ **Abb. 19**
Köln, Dombauarchiv, Franz Schmitz, Der Dom zu Köln, seine Construction und Ausstattung, Kölner Dom, Ansicht von Süden, Detail der Gesamtansicht

▶ **Abb. 20**
Metz, Kathedrale, Langhausfenster mit steilen Wimpergen, nach 1250

Obergaden bilden. Lediglich die Pariser St.-Chapelle (vollendet um 1250) zeigt rundumlaufende Wimperge. Doch ist die St.-Chapelle nichts anderes als ein in die Länge gestreckter, zur Kapelle gemachter Chor, sodass die Auszeichnung mit den aneinandergereihten Wimpergen durchaus angemessen ist. Erst bei der Kathedrale von Metz **(Abb. 20)** werden die riesigen Langhausfenster mit steilen Wimpergen, die sich weit über die Trauflinie des Daches erheben, übergiebelt. Dieser Teil des Obergadens zusammen mit dem Triforium dürfte nach 1250 entstanden sein, wobei die vierbahnigen Obergadenfenster durchaus auch als Vorbild für die Mainzer Fenster der Kapellen drei bis neun gelten können. Neben der Übernahme der Detailformen von Köln und Metz ist als Innovation für Mainz jedoch Folgendes festzuhalten: Es handelt sich bei diesem Konzept um die Übertragung einer zunächst dem Hochchor vorbehaltenen Nobilitierungsform auf das Langhaus. Die neue Nordfassade des Mainzer Doms verwandelte das Langhaus durch seine ab 1279 konzipierten und bis 1291 weitgehend realisierten Architekturformen optisch in einen Hochchor und führte dadurch am Mittelrhein und nicht nur dort ein völlig neues Architekturkonzept ein. Im Unterschied zu Metz sind die Enden der Passfiguren bei den jüngeren Mainzer Kapellen angespitzt, jedoch sind wie in den Fenstern von St.-Vincent in Metz in die Zwischenräume zentripetale Dreiblätter eingefügt.

Auf die Maßwerkvorhänge **(Abb. 15)**, die die westlichen Kapellen im Inneren unterteilen, sei an dieser Stelle noch einmal kurz eingegangen, auch wenn sie nicht Thema dieser Untersuchung sind. Zitiert werden fast wörtlich die vierbahnigen Maßwerk-Fenster der Mainzer Nordfassade, die hier im Inneren also gewissermaßen ohne Verglasung wiederholt werden. Sie dürften ab etwa 1285 bis 1291 entstanden sein. M. C. Schurr schreibt dazu völlig zu Recht: „Dieses

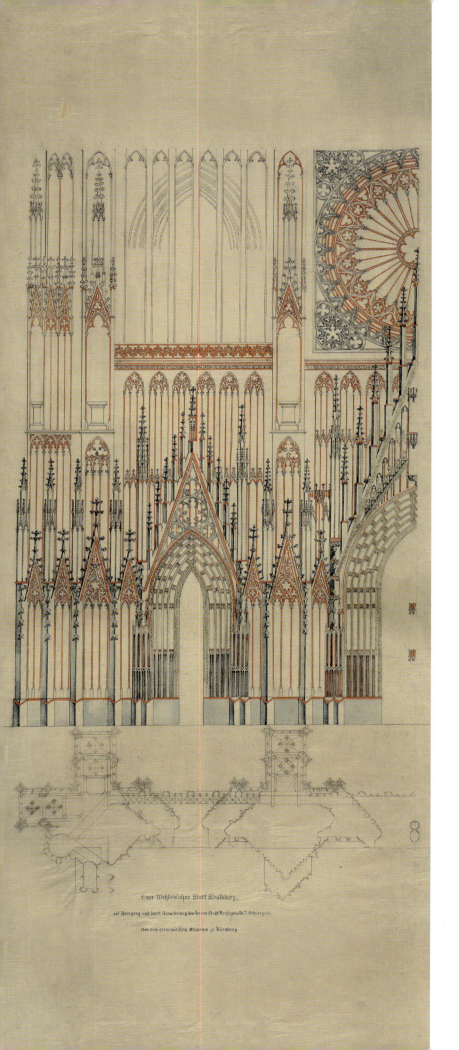

filigrane Gespinst ist wie das Schleierwerk der Straßburger Westfassade **(Abb. 21)** als ein Echo auf das Projekt des *réseau dédoublé* an der Metzer Kathedrale und die davon inspirierte Wandschichtung am Chor von Saint-Urbain in Troyes **(Abb. 22)** zu verstehen. Eine ganz ähnliche Lösung fand man gegen Ende der 1280er Jahre beim Bau der Ostpartien der Kathedrale von Carcassonne **(Abb. 23)**, welche die hallenartig geöffneten Querhaus-Kapellen von Saint-Vincent in Metz mit den Mainzer Maßwerk-Trennwänden kombinieren."[8] Mit „réseau dédoublé" ist eine Verdoppelung der Fenstermaßwerke durch Vorblenden eines weiteren, nicht mehr verglasten Maßwerksystems zu verstehen, wie es vor allen Dingen bei der Straßburger Westfassade konsequent realisiert worden war, während es in Metz zwar geplant, aber nicht mehr ausgeführt wurde. Damit ist die wechselseitige Abhängigkeit der genannten Bauten korrekt benannt und die Position der Architektur in Mainz in das Spannungsverhältnis zwischen der Kathedrale von Metz, dem Kölner Hochchor sowie der Westfassade von Straßburg eingeordnet.

Die Analyse der einzelnen Elemente der Mainzer Kapellen, vor allen Dingen der Maßwerke der Fenster und der Kapitelle, zeigt, dass die überlieferten archivalischen Daten durchaus mit dem stilistischen Entwicklungsstand der realisierten Architekturformen übereinstimmen. Der Baubeginn ist also tatsächlich kurz nach 1279 anzusetzen, wobei zunächst die ersten drei östlichen Kapellen vollendet wurden, das Gesamtkonzept jedoch sicherlich auch schon festgelegt war. Einen Einschnitt im Bauablauf der Kapellen stellte sicherlich die Zerstörung der östlich des Doms gelegenen Liebfrauenkirche durch einen Brand im Jahre 1285 dar. Mit deren Wiederaufbau wurde offensichtlich noch im selben Jahr begonnen, was höchstwahrscheinlich einen Abzug der Bauleute von den Kapellen auf die neue Baustelle bedeutete. Die Liebfrauenkirche wurde zwar nach den schweren Schäden durch die Kämpfe des Jahres 1793 zwischen 1800 und 1807 abgebrochen, doch lässt sich ihr Erscheinungsbild anhand älterer Darstellungen rekonstruieren **(Abb. 24)**. So wurden offenbar zunächst die Detailformen der gerade errichteten Kapellen übernommen, jedoch insofern weiterentwickelt, als nun die Pfeiler noch stärker durch Kehlen und Dienste aufgelöst werden. Ein Gestaltungsprinzip, welches bei den westlichen Kapellen am Dom dadurch vollendet wird, dass hier die Pfeilerkerne als solche nicht mehr auszumachen sind, da sie vollständig von

◄ Abb. 21
Straßburg, Münster Unserer Lieben Frau, Aufriss der nördlichen Hälfte der Westfassade des Strassburger Münsters (Kopie Riss C)

▲ Abb. 22
Troyes, St. Urbaine, Chor von Südosten

den Kehlen und Stäben, die eine stark modulierte und ondulierte verschliffene Kontur bilden, überprägt werden. Diese neuartige Profilierung wird an die Nordfassade des Doms übernommen und setzt ab der vierten Kapelle von Osten ein, sodass wohl mit dem Weiterbau nach einer gewissen Unterbrechung – vielleicht Ende der Achtzigerjahre – zu rechnen ist, bis die Kapellenreihe dann um 1291 vollendet war, während man an der Marienkirche noch bis in das frühe 14. Jahrhundert hinein baute, da erst für das Jahr 1311 eine Altarweihe deren weitgehende Vollendung anzeigt. Parallel dazu – zwischen 1300 und 1319 – wird die südliche Kapellenreihe des Doms errichtet, deren Maßwerke und Pfeilersysteme das bisher entwickelte Konzept konsequent fortführen, indem nun die Rundstäbe und Birnstäbe vollständig durch gegratete Kehlen ersetzt werden und die Kapitelle und Basen der Fensterpfosten wegfallen.

Zusammenfassend ergibt sich für die zwischen 1279 und 1291 realisierte Nordfassade des Mainzer Doms mit ihren sieben, den jeweiligen Kapellen zugeordneten Fenstern zum einen eine gewisse Abhängigkeit von den aufgeführten Fenstern des Kölner Chorobergadens, wobei diese jedoch nicht einfach kopiert, sondern durch die Übertragung auf eine Grundstruktur mit acht Fensterbahnen gesteigert und monumentalisiert werden. Die homologhierarchische Gliederung der einzelnen Elemente wird konsequent vom großen Scheitelvierpass über die kleineren in den darunterliegenden Spitzbögen bis hin zu denjenigen in der dritten Ordnung durchexerziert. Gleiches gilt für die Stabwerke der Fensterbahnen, die von den mit Rundstab besetzten über die gekehlten mit flachem Rücken bis zu den geschärften, schmalen Pfosten der unteren Ordnung alle Varianten durchspielen und mit Letzteren dann die wegweisenden Pfostenprofile kreieren, die im 14. Jahrhundert – bereits konsequent durchgeführt bei den Mainzer Südkapellen – zum Standard werden. Gleiches gilt auch für die Verwendung der Kapitelle: Wird in Köln sowohl beim Chor als auch dem Entwurf für die Westfassade noch jedem Pfosten ein

▲ **Abb. 23**
*Carcassonne,
ehem. Kathedrale St.-Nazaire
und St.-Celse, Ostpartie*

▶ **Abb. 24**
*Ruine der Liebfrauenkirche in
Mainz nach der Belagerung
im Jahre 1793*

Kapitell zugeordnet, so reduziert man sie in Mainz lediglich auf die Elemente der ersten Maßwerk-Ordnung und verzichtet auf sie bei den untergeordneten Pfosten. Auch diese Innovation ist letztendlich wegweisend und mündet im 14. Jahrhundert im Verzicht auf Kapitelle auch bei den ersten Ordnungen der Maßwerk-Konfigurationen. Auf den innovativen Charakter der Übertragung von aneinandergereihten Wimpergen vom Chorobergaden auf eine „untergeordnete" Seitenschiffsfassade wurde bereits oben hingewiesen. Dies geschah in Mainz jedoch insofern vollkommen konsequent, als dieses neu errichtete Seitenschiff im Grunde genommen eine Aneinanderreihung von mit Altären ausgestatteten Kapellen ist, von denen einige obendrein noch durch Maßwerk-Vorhänge im Inneren voneinander geschieden sind. Der Kapellenkranz, der die Chöre der älteren gotischen Kathedralen kreisförmig umgibt, ist hier dem nördlichen Seitenschiff des Langhauses appliziert. Damit versetzt man also gewissermaßen liturgische Elemente des Hochchores an das Langhaus. Und schließlich sind die vierbahnigen Fenster, die ab der dritten Kapelle die Mainzer Fassade gliedern, verglichen mit den in den achtziger Jahren des 13. Jahrhunderts tatsächlich realisierten Formen ebenfalls durchaus innovativ, da sie für die Kölner Westfassade zwar zum Zeitpunkt ihrer Errichtung in Mainz geplant waren, aber erst im Laufe des 14. Jahrhunderts ausgeführt werden.

Welche architekturgeschichtliche Wirkung die Mainzer Nordfassade mit ihrer Fertigstellung Anfang der Neunzigerjahre des 13. Jahrhunderts hatte, soll exemplarisch an der Nordfassade und dem nördlichen Querhaus des Doms zu Wetzlar gezeigt werden **(Abb. 25)**. Soweit die bisherige Forschung übereingekommen ist, begann die Errichtung der Fenster des Wetzlarer Querhauses nach 1292. Das Langhaus mit seiner Binnenstruktur und vor allen Dingen der hier interessierenden Nordfassade ist bis 1307 vollendet. Die ältere Forschung hat stets die Abhängigkeit von Köln konstatiert. Dies trifft natürlich mit einer gewissen Berechtigung zu, berücksichtigt man nicht auch gleichzeitig die Mainzer Fassade. So werden an der Nordfassade des Wetzlarer Querhauses fast wörtlich die vierbahnigen Mainzer Fenster mit ihren in Okuli eingeschriebenen stehenden Vierpässen zitiert. Man verzichtete ebenso wenig auf die steilen Wimperge, wie auf die

nur kurz vor die Mauerfläche tretenden, lediglich durch ein Kaffgesims gegliederten schlichten Strebepfeiler, wie wir sie in Mainz finden. Hier gehen sie möglicherweise in ihrer Form auf die Elisabethkirche in Marburg zurück, die damit auch Vorbild für die Mainzer Fassadenstruktur gewesen sein könnte. Die Gemeinsamkeiten zwischen Wetzlar und Mainz gehen jedoch noch erheblich weiter: So zeigen die Maßwerke der Fenster in der Ost- und Westfassade des Wetzlarer Querhauses zwar den verschliffenen stehenden Vierpass im Couronnement nach Kölner Vorbild, doch sind es nicht die Kölner Fünfpässe, die in den darunterliegenden Spitzbögen angeordnet sind, sondern die kleineren stehenden Vierpässe der Mainzer Fenster. Es handelt sich also um eine wörtliche Übertragung der beiden östlichen Mainzer Fenster, lediglich unter Reduzierung der acht Fensterbahnen auf jeweils vier, sodass die kleinsten Mainzer Vierpässe hier wegfallen können. Und wie in Mainz fallen auch hier die Kapitelle an den untergeordneten Pfosten weg, und sie werden mit steiler Kehle profiliert, also „angespitzt". Exakt diese Formen werden dann, im weiteren Bauablauf, bei den drei großen Fenstern des Langhauses weitergeführt. Bei dem östlichen Fenster geschieht dies zunächst noch mit Kapitellen an den Stäben der ersten Ordnung. Diese fallen bei den westlichen zwei Fenstern ebenso weg wie die Rundstäbe, alles ist nun lediglich mit steilen Kehlen profiliert, die gesamte Maßwerkstruktur wird „gratig" und wirkt wie aus dem Stein gekerbt. Hier werden, obwohl an der alten Maßwerkform festgehalten wird, die strukturellen Innovationen der südlichen Kapellenreihe des Mainzer Doms aufgenommen, die ab der Zeit um 1300 in Bau ist. Nicht Köln also, sondern die Mainzer Kathedrale ist letztendlich das innovative Vorbild für die durchaus imposante Nordfassade der Wetzlarer Stiftskirche. Die Wimperge des Querhauses wurden in Wetzlar Anfang des 20. Jahrhunderts rekonstruiert, ebenso wie der obere Teil der Strebepfeiler mit ihren Riesen und Fialen. Sie waren, wie ältere Abbildungen und das für jene Restaurierung angefertigte Aufmaß von Stiehl zeigen, damals nur noch zur Hälfte bis zum Dachansatz erhalten oder eventuell gar nicht vollendet worden. Doch zeigen die Ansätze, die als Grundlage der Rekonstruktion dienten, dass sie durchaus als ein Vorbild für die zeichnerische Rekonstruktion der im 18. Jahrhundert zerstörten Mainzer Wimperge dienen können.

Bauphase II – Die heutige Sakramentskapelle (1490er Jahre)

Obwohl, wie Gewölbeansätze am Westabschluss der siebenten Kapelle der Bauphase I zeigen, dass ursprünglich geplant war, die Kapellenreihe nach Westen fortzusetzen, ruhen die Bauarbeiten nun für fast 200 Jahre. Erst in den neunziger Jahren des 15. Jahrhunderts entschloss man sich, das Konzept des 13. Jahrhunderts wieder aufzunehmen, und beginnt, im Bereich der westlichen beiden Langhausjoche eine weitere Kapelle anzubauen, die im Prinzip die ältere Fassadengestaltung der Hochgotik in ihren architektonischen Großformen wieder aufnimmt. Mit einem auf derselben Höhe wie im Osten liegenden Kaffgesims werden drei Strebepfeiler errichtet, wobei der westliche sich unmittelbar an das Mauerwerk des spätromanischen nördlichen Querhausflügels anschließt. Die Bauabfolge ist besonders eindrucksvoll im Sockelbereich abzulesen, wo das neue, reich profilierte Abschlussgesims mit seinen westlichen Werksteinen in das abgefaste Sockelgesims des älteren Baus einschneidet, dessen Werkstein dafür entsprechend ausgemeißelt wurde.

Im Unterschied zu den östlichen Kapellen ist der Sockel hier circa 0,50 m höher, ebenso wie das Sohlbankgesims der Fenster, welches wie im Osten in Form eines Kaffgesimses um die Strebepfeiler herumgeführt wird. Dennoch zeigen die Brüstungsfelder unterhalb der Fenster jeweils vier Quaderschichten, die mit den Strebepfeilern in einem einheitlichen Fugenbild verlaufen. Auch das Motiv der vier Fensterbahnen in den hohen, spitzbogig geschlossenen Fenstern wird übernommen, jedoch sind Gewändeprofil und Maßwerk den modernen Formen des Spätmittelalters verpflichtet. Schließlich wurden auch die Wimperge und die Fialen auf den Strebepfeilern in Anlehnung an die östliche Kapellenfassade übernommen. Ob die Wimperge hier wie die Fenstermaßwerke ebenfalls moderner gestaltet waren, kann heute nicht mehr verifiziert werden, da auch sie nach dem Brand des Doms im Jahre 1767 abgebrochen wurden.

Neben den moderneren Formen im Maßwerk zeigen sich auch in einigen bautechnischen Details Unterschiede zwischen den älteren Kapellen im Osten und der jüngeren Kapelle westlich des Marktportals: So wird im Unterschied zu den älteren Quadern die Oberfläche nicht mehr

◀ Abb. 25
Wetzlar, Dom Unsere Liebe Frau, Blick auf die Nordseite

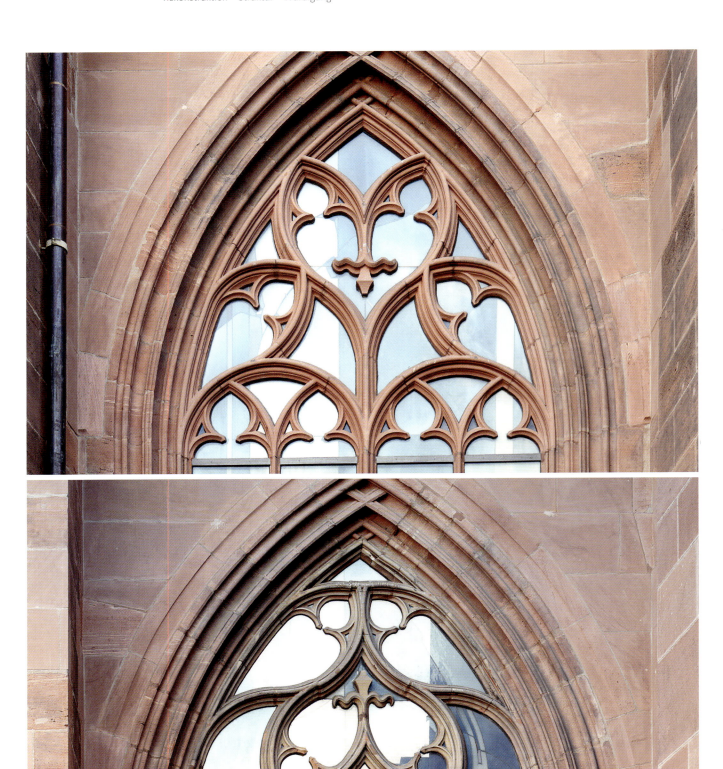

mit der Fläche geglättet, sondern jetzt wird das Scharriereisen, ein mit dem Klöpfel getriebener Breitmeißel, verwendet. Dieses Werkzeug kommt im westlichen Deutschland in der Regel seit der Mitte des 15. Jahrhunderts zum Einsatz, hier jedoch noch ähnlich wie bei den älteren Quadern, wo die Hiebspuren in der Regel diagonal zu den langen Kanten der Quader angeordnet sind. Dadurch können die hier versetzten Quader gut von solchen des 16. Jahrhunderts geschieden werden, wo die Hiebe stets senkrecht zu den langen Kanten der Quader geführt werden. Im Unterschied zu den im Wesentlichen von Buchstaben abgeleiteten Steinmetzzeichen der älteren Bauphase verwenden die Handwerker nun systematisierte spätgotische Steinmetzzeichen.

Die neuen Stilelemente des Spätmittelalters zeigen sich insbesondere bei den Kleinformen der Fenstergewände und deren Gliederung **(Abb. 26, 27)**. Diese sind noch reicher mit Stabwerken profiliert, wobei sich einige der Stäbe im Scheitel der Spitzbogenstürze wechselseitig überschneiden und in den Kehlen auslaufen. Dieses Motiv wurde bereits in der ersten Hälfte des 15. Jahrhunderts, vor allen Dingen von Madern Gerthener, eingeführt und hält sich in dieser Form, zum Beispiel auch bei Portalen, bis in das beginnende 16. Jahrhundert hinein. Immerhin haben die Gewändestäbe hier noch zumeist polygonal begrenzte Basen, Kapitelle jedoch sind weder bei ihnen noch bei den Fensterpfosten vorhanden. Letztere sind gekehlt, wobei der mittlere Pfosten der vierbahnigen Struktur einen breiteren Rücken aufweist, während die „untergeordneten" seitlichen Pfosten angespitzt sind. Auch wenn das Maßwerk im Couronnement teilweise erneuert ist, entspricht es doch im Wesentlichen dem ursprünglichen Aussehen. Das vorherrschende Gestaltungsmotiv ist hier die Fischblase, die spätestens seit den Schöpfungen der Parler in der zweiten Hälfte des 14. Jahrhunderts zu einem Leitmotiv der Maßwerkgestaltung wird. Gerade in der zweiten Hälfte des 15. Jahrhunderts ersetzt es in vielfachen Variationen die vorher üblichen Drei- und Vierpässe. Ein weiteres neues Element ist die Zusammenfassung zweier Fensterbahnen durch Rundbögen anstelle der im 13. und 14. Jahrhundert verwendeten Spitzbögen. Auch dieses Motiv taucht vermehrt bei Maßwerken des späten 14. Jahrhunderts auf und wird, wie auch hier in Mainz, mit genasten Spitzbögen kombiniert. Zwar sind die beiden Maßwerke der Mainzer Fenster durchaus unterschiedlich gestaltet, doch ähneln sie sich in ihren Kompositionen gewissermaßen in symmetrischer Form: Das Hauptmotiv ist eine in der Mittelachse des Fensters angeordnete Kombination von zwei symmetrisch miteinander verschmolzenen Fischblasen, die einmal nach unten hängend, bei dem anderen Fenster nach oben ansteigend angeordnet sind. Dieses herzförmige Gebilde wird jeweils von zwei weiteren Fischblasen begleitet, einmal stützend von unten, das andere Mal der Herzform aufgesattelt. Während diese hier geschilderten Maßwerkkonstruktionen durchaus gängig sind, zeigen die Mainzer Fenster ein ungewöhnliches Element, das hier innovativ verwendet wird: Die herzförmigen Fischblasen bilden an der Stelle, an der sie zusammenstoßen, eine Kreuzblume aus, einmal hängend, das andere Mal stehend. Dieses Element, welches in der Regel als Bekrönung von Fialen und Wimpergen verwendet wird, ist im Rahmen von Fenster-Maßwerken nur sehr selten anzutreffen.

Die westliche Kapelle steht also ihren Detailformen nach durchaus im Rahmen der Entwicklung spätgotischer Architektur. Doch gerade für die sehr unterschiedlichen Erscheinungsformen und Variationen der Fischblasenmaßwerke des 15. Jahrhunderts fehlen sowohl für die Region des Rheinlands als auch für das östlich anschließende Hessen detaillierte kunsthistorische Untersuchungen.

Würdigung

Bauherr der neuen Nordfassade des Doms, die damals modernste gotische Formen mit dem altehrwürdigen Bau des Willigis zu verbinden suchte, war zu Beginn Erzbischof Werner von Eppstein (um 1225–1284), der mit seiner ambitionierten Reichspolitik in der Zeit des Interregnums die Position des Erzkanzlers bis hin zu der von ihm erfolgreich betriebenen Wahl von Rudolf I. von Habsburg zum deutschen König 1273 wieder wesentlich zu steigern wusste.[9] Seine reichspolitischen Erfolge, aber auch seine Ansprüche dürften ein wesentlicher Antrieb für die Errichtung der hier beschriebenen, für die Zeit höchst anspruchsvollen und repräsentativen nördlichen Seitenschiffsfassade des Doms gewesen sein, die sich aus der Bedeutung der dahinter liegenden Kapellen alleine sonst kaum ableiten ließe. Sein Nachfolger Heinrich II. von Isny (1286–1288),[10] der

◂ Abb. 26
Mainz, Dom St. Martin und St. Stephan, Fenster 2, östliches Fenster ehem. Marien-Kapelle, Detail Couronnement

◂ Abb. 27
Mainz, Dom St. Martin und St. Stephan, Fenster 1, westliches Fenster ehem. Marien-Kapelle, Detail Couronnement

eng mit Rudolf von Habsburg zusammenarbeitete, dann aber vor allem Werners Neffe, Erzbischof Gerhard II. von Eppstein (1288–1305),[11] setzten die Arbeiten fort. Gerhard II. gehörte wiederum zu den reichspolitisch ambitioniertesten geistlichen Fürsten seiner Zeit, war damit schon zu Lebzeiten umstritten und wurde in der Chronistik überwiegend negativ dargestellt. Sein Streben nach einer weiteren Aufwertung der Bedeutung des mit dem Erzbistum verbundenen Amtes des Erzkanzlers zu Lasten eines eher schwachen Königs, den er in dem von ihm bei der Wahl 1292 unterstützten Adolf von Nassau fand, dürfte wiederum auch in der anspruchsvollen Fassadengestaltung sinnfällig zum Ausdruck kommen.

Welche architekturgeschichtliche Wirkung die Mainzer Nordfassade bei ihrer Fertigstellung Anfang der Neunzigerjahre des 13. Jahrhunderts hatte, kann exemplarisch im Vergleich der Mainzer Nordfassade mit dem nördlichen Querhaus der wichtigen Stiftskirche, dem sogenannten Dom zu Wetzlar[12] gezeigt werden. Soweit die bisherige Forschung übereingekommen ist, begann dort die Errichtung der Fenster des Querhauses nach 1292, und das Langhaus mit seiner Binnenstruktur und vor allen Dingen der hier interessierenden Nordfassade ist bis 1307 vollendet. Die ältere Forschung hat stets die Abhängigkeit der in Wetzlar verwendeten Formen von Köln konstatiert. Dies trifft mit einer gewissen Berechtigung zu, doch muss auch die Mainzer Fassade in den Blick genommen werden. Denn an der Nordfassade des Wetzlarer Querhauses werden fast „wörtlich" die vierbahnigen Mainzer Fenster mit ihren in Okuli eingeschriebenen stehenden Vierpässen zitiert. Man verzichtete ebenso wenig auf die steilen Wimperge, wie auf die nur kurz vor die Mauerflucht tretenden, lediglich durch ein Kaffgesims gegliederten schlichten Strebepfeiler, wie sie sich in Mainz finden. Wetzlar und Mainz stehen sich jedoch noch sehr viel näher: Bis in die Details der Fenstermaßwerke hinein finden wir in der Wetzlarer Architektur das Mainzer Vorbild, sodass Wetzlar als unmittelbarer Nachfolger der an der Mainzer Nordfasssade entwickelten Formen gelten kann. Mit diesem kurzen Ausblick zeigt sich sehr deutlich die Bedeutung der in den späten achtziger Jahren des 13. Jahrhunderts realisierten Mainzer Nordfassade, die in der kunst- und architekturgeschichtlichen Forschung des 20. Jahrhunderts bisher fast keinerlei Beachtung gefunden hat.[13] Sie stellt demgegenüber in der Tat eine Schlüsselarchitektur dar, die neben dem Kölner Dom und der Straßburger Westfassade zu den innovativsten Bauten des letzten Viertels des 13. Jahrhunderts zu rechnen ist.

---

1 Die letzte größere Restaurierung fand in den frühen 1980er Jahren statt. Vgl. Stockinger 1986, S. 101–103. **2** Mathy 1986, S. 68 und Spengler 1987. **3** Bei den beiden östlichen Kapellen beträgt der Neigungswinkel der Ortgänge jeweils 18°; dies entspricht einem Firstwinkel von 36°. Die Neigung des Giebels der Wimperge über den breiteren Kapellen ist also aus dem Zehneck entwickelt. Der Neigungswinkel des erhaltenen Ortgangsteins bei der 7. Kapelle ist demgegenüber mit 15° etwas flacher. Dass auf den erhaltenen Werksteinen noch ein wie auch immer profiliertes Ortganggesims zu rekonstruieren ist, zeigen die Spuren von abgearbeiteten Werksteinen an den Seiten der Strebepfeiler auf Höhe der hier genannten Strukturen. **4** Die etwas flachere Neigung des Ortgangs ergibt einen Firstwinkel von 30°, hier also ist der Giebel aus dem Zwölfeck entwickelt. **5** Thomann schließt im Zuge der Neugestaltung der Nordfassade nach dem Brand von 1767 die bis zu diesem Zeitpunkt bestehende Lücke im Bereich zwischen der westlichen Marien-Kapelle aus dem späten 15. Jahrhundert und den älteren Kapellen. Dadurch kann das Gesims auf der gesamten Länge der Fassade durchlaufen. Er gliedert diesen zwei Joche breiten Abschnitt einmal durch eine dem romanischen Nordportal axial zugeordnete monumentale, rundbogig geschlossene Arkade, und schließt an diese nach Osten hin ein kurzes Mauerstücke mit hoch liegendem, ebenfalls rundbogigem Fenster an, welches zum westlichen Strebepfeiler der älteren Bauphase vermittelt. Gegenüber diesem Mauerabschnitt ist die Arkade risalitartig durch fein profilierte Mauerwerksstreifen hervorgehoben und akzentuiert. Der rundbogige Sturz der Arkade ruht auf wuchtigen Kämpferprofilen, die auf Höhe der Kaffgesimse der älteren Strebepfeiler angeordnet sind. Den Schlussstein der Arkade bildet eine Wappenkartusche, die von einem reichen, asymmetrischen Rocaille-Ornament gerahmt wird. Die gesamte neue Eingangsfassade wird dadurch gegenüber der restlichen Fassade ausgezeichnet, dass die Gesimse oberhalb der rahmenden Strebepfeiler erheblich wuchtiger gestaltet sind (sie übernehmen die Profilierung des Hauptgesimses), als die Abschlussgesimse der übrigen Strebepfeiler. Durch den Architekten Thomann ist nun der Zwischenraum zwischen den älteren Kapellen geschlossen worden, er schuf eine Eingangsvorhalle und einen östlich gelegenen Nebenraum. Zwar wurde die Fassade nun vereinheitlicht und dem Stilempfinden des 18. Jahrhunderts angepasst, doch verliert sie damit das durch die Wimperge und Fialen geprägte monumentale Erscheinungsbild des gotischen Entwurfs, was letztendlich sicherlich nicht unwesentlich zur Folge hatte, dass sie von der Kunstgeschichte des 20. Jahrhunderts eher stiefmütterlich behandelt und in ihrer Bedeutung bislang unterschätzt wurde. **6** Die Nazarius-Kapelle und die Barbara-Kapelle sind heute zur Petrus-Kapelle zusammengefasst. **7** Schurr 2007, S. 179. **8** Schurr 2007, S. 272. **9** Heinig 2000 I, S. 364. **10** Heinig 2000 II, S. 377–386. **11** Heinig 2000 III, S. 387–415. **12** Zur Wetzlarer Stiftskirche siehe Sebald 1990. **13** So geht auch noch der knappe Überblicksartikel von Reber 2000, S. 970–994, mit keinem Wort auf diese Westfassade ein.

ELMAR ALTWASSER
DIE KAPITELLE UND STEINMETZZEICHEN DER NORDSEITE

Das folgende letzte Kapitel dieses Bandes stellt die Kapitelle und Steinmetzzeichen im Bestand der nördlichen Kapellenreihe in der Art eines Kataloges vor. Vorangestellt sind dabei jeweils ein kurzer forschungsgeschichtlicher Überblick, eine knappe Skizze des Bestands sowie eine kurze Einordnung der Kapitellplastik und der Steinmetzzeichen in den kunsthistorischen Kontext. Der Katalog der Kapitelle behandelt die Kapitelle der östlichen sieben Fenster dem Bauverlauf folgend von Osten nach Westen. Die beiden westlich des Marktportals liegenden Fenster der heutigen Sakramentskapelle sind erst Ende des 15. Jahrhunderts entstanden und zeigen die modernsten Formen der Spätgotik mit Fischblasenmotiven und Schneusen. Hier finden sich entsprechend der Stilstufe der Spätgotik keine Kapitelle mehr.

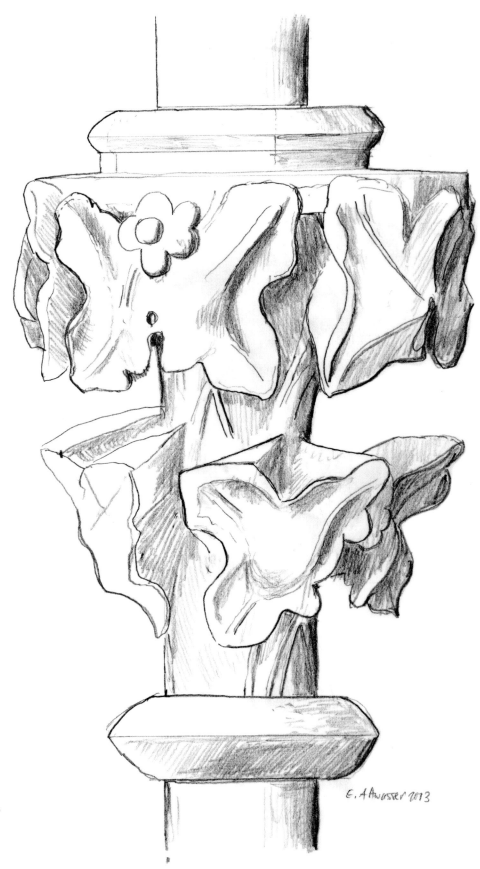

▶ **Abb. 1**
Mainz, Dom St. Martin und St. Stephan, Nordkapellenreihe, Fenster der Victor-Kapelle, östliches Gewändekapitell, Kapitell Typ 1a (Zeichnung: E. Altwasser)

ELMAR ALTWASSER
TYPOLOGIE UND STILISTIK DER KAPITELLE

Die zusammenfassende Literatur zu den sogenannten „hochgotischen Blattkapitellen", die in der Zeit zwischen 1240 und 1300 entstanden sind, ist überschaubar. Neben dem im Jahre 1925 erschienenen Übersichtswerk zur gotischen Baukunst in Frankreich und Deutschland von Ernst Gall ist es vor allen Dingen Adolf Gessner, der sich 1935 in seiner Untersuchung mit der Entwicklung der gotischen Kapitellplastik ausgehend von den spätromanischen Kelchblockkapitellen, über die Knospenkapitelle bis hin zu den Blattkapitellen beschäftigt und diese unter stilistischen Gesichtspunkten analysiert.[1] Im Jahr darauf erscheint die umfangreichere Untersuchung von Hans Weigert, in der die wesentlichen bis dahin gewonnenen Erkenntnisse zusammengefasst werden.[2] Bezüglich der Blattkapitelle, die in unserem Zusammenhang besonders interessieren, äußert sich Weigert noch einmal im Jahre 1948 in einem Lexikonbeitrag unter dem Stichwort „Blattkapitell".[3] In der folgenden Zeit erscheinen nur wenige Aufsätze, die sich mit speziellen Aspekten der gotischen Kapitellplastik beschäftigen. Es sind dies vor allen Dingen Abhandlungen, die sich mit dem vegetabilen Dekor der Kapitelle befassen. So behandelt Lottlisa Behling im Jahre 1964[4] die Pflanzendarstellungen, und Hermann Josef Roth betrachtet die Kapitelle unter botanischen Gesichtspunkten.[5] Jüngst wurde der aktuelle Forschungsstand noch einmal von Christine Döpke zusammengefasst.[6]

Ursprünglich waren an den Fassaden der Nordkapellen des Mainzer Doms 37 Kapitelle vorhanden – bei den drei östlichen Fenstern jeweils drei, bei den vier bis zum Marktportal nach Westen folgenden Kapellen jeweils sieben. Heute sind noch insgesamt 34 Kapitelle erhalten. Ihr Zustand ist jedoch sehr unterschiedlich: Einige sind bis in die Details des Blattwerks ablesbar, andere bis auf ihren Kern abgewittert. Zur besseren Veranschaulichung der Typologie der hier vorhandenen Kapitelle wurden die am besten erhaltenen Exemplare mit ihren charakteristischen Merkmalen zeichnerisch dargestellt, um dadurch gegenüber den Fotos ihre besonderen Eigenschaften besser herauszuarbeiten. Für diesen Zweck wurden 16 Kapitelle ausgewählt und im Maßstab 1:1 gezeichnet (die Originale liegen dem Dombauamt Mainz vor).

Grundsätzlich folgen sämtliche hier vorhandenen Kapitelle in ihrem generellen Aufbau einem einheitlichen Typus. Es handelt sich jeweils um schlanke Kelchkapitelle, deren Kalathos (Kapitelkern) mit Blättern und Knospen in unterschiedlicher Weise besetzt ist. So unterscheiden sich die einzelnen Kapitelle voneinander lediglich in der Art und Weise, wie der Kapitellkörper durch Blattmotive dekoriert ist. Im Gegensatz zu den älteren Formen des zweiten und dritten Viertels des 13. Jahrhunderts schwingen die Mainzer Kapitelle der nördlichen Kapellenreihe nur noch im oberen Viertel leicht zur Deckplatte aus. So nimmt der Kapitellkörper jeweils den Querschnitt des jeweiligen Dienstes auf und steigt zunächst vom Halsring ausgehend zylindrisch auf. Dieser Kapitelltypus erinnert zwar noch an seine Vorläufer, die Knospenkapitelle, die sich ab dem beginnenden 13. Jahrhundert aus den Kelchblockkapitellen entwickelt haben, doch ist deren optische Funktion als Vermittlung zwischen den tragenden und lastenden Teilen der Architektur weitgehend eliminiert. Der Blattdekor stützt nicht mehr die Deckplatte ab, sondern ist dem Kapitellkern lediglich schmückend appliziert. Damit ist der Dekor gegenüber dem Kapitellkern nun fast vollständig eigenständig. Es entwickeln sich zwar die typologischen Unterschiede der einzelnen Blattmotive, jedoch sind alle Halsringe in ihrem linsenförmigen Profil gleichartig leicht angespitzt, und die Deckplatten variieren lediglich in der Höhe ihrer Kehlen.

Prinzipiell sind zwei Formen der Blattdekoration zu unterscheiden: zum einen solche, bei denen die Blätter in zwei Registern übereinander angeordnet sind, wobei jeder dieser „Blattkränze" eigene Blattstängel besitzt, zum anderen Blattapplikationen, deren Stängel über den gesamten Kapitellkörper laufen, wobei deren Blätter das gesamte Kapitell umfassen, aber auch auf verschiedenen Ebenen angeordnet sein können.

Einen eher „traditionellen" Typus (Typ 1a) repräsentieren drei Kapitelle der östlichen Kapellen (erstes und zweites Kapitell von Osten am Fenster der Victor-Kapelle (Fenster 10, **Abb. 1, 2**) sowie das dritte Kapitell von Osten am Fenster der ehemaligen Nazarius-Kapelle (Fenster 8, **Abb. 3**)). Bei diesen wachsen die Stängel beziehungsweise Blattlappen wie bei den älteren Blattbüschelkapitellen in dreieckig nach oben zugespitzter Form aus dem Halsring heraus, enden jedoch nicht mehr in knospenartigen Gebilden, sondern in regelrecht bewegten mehrlappigen Blättern. Auch der obere Blattkranz ruht auf diesen zweiteiligen Stängeln. Wir finden solche Strukturen zum Beispiel am Kölner Dom (abgebrochene Sakristei Nordbau, 1251), am Dom zu Münster (Chorumgang, zwischen 1245 und 1265), hier noch als einzonige Knospenkapitelle ausgebildet, oder beim Langhaus des Doms zu Minden (zweiter Freipfeiler der Nordseite von Westen, um 1250/60 oder 1267–1290, heute zerstört), hier bereits ganz ähnlich wie in Mainz in zwei Registern angelegt. Gegenüber letzterem Beispiel sind die Mainzer Blätter jedoch bereits viel reicher bewegt, wodurch sie erheblich lebendiger wirken.

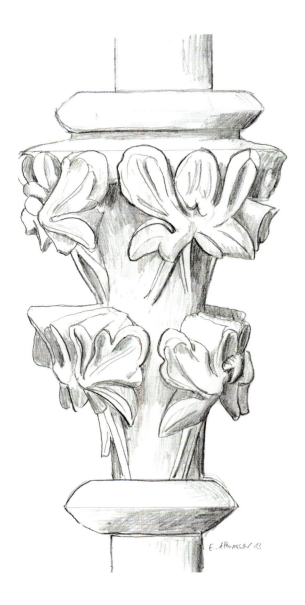

▲ Abb. 2
Mainz, Dom St. Martin und St. Stephan, Nordkapellenreihe, Fenster der Victor-Kapelle, Kapitell des Mittelpfostens, Kapitell Typ 1a (Zeichnung: E. Altwasser)

▲ Abb. 3
Mainz, Dom St. Martin und St. Stephan, Nordkapellenreihe, Fenster der ehem. Nazarius-Kapelle, westliches Gewändekapitell, Kapitell Typ 1a (Zeichnung: E. Altwasser)

Weitaus moderner als die oben beschriebenen Kapitelle ist der Kapitell-Typ 2a (zweites Kapitell von Osten am Fenster der Barbara-Kapelle, Fenster 9, **Abb. 4**). Bei diesem wachsen die Blattstiele beziehungsweise die einzelnen Blätter nicht mehr aus dem Halsring heraus, sondern sind zwei bis drei Zentimeter oberhalb von diesem dem Kapitellkörper appliziert. Die Blätter sind nicht mehr in zwei Registern übereinander angeordnet, sondern entwachsen einem sich S-förmig geschwungen nach oben entwickelnden Blattstiel. Der Kapitellkern ist also mit sich mehr oder weniger frei entwickelnden „Blattbüscheln" dekoriert. Obwohl sich die oberen Blätter dieser Pflanzen unter die Deckplatte schmiegen, ist die „statische" Funktion des Kapitells als vermittelndes Glied zwischen den tragenden und lastenden Teilen der Architektur weitgehend aufgehoben. Die Blattmotive entwickeln sich mehr und mehr als rein dekoratives Element. Sie sind nur noch angeheftet und haben ihre ursprüngliche tektonische Funktion nun vollständig verloren. Stemmen sich die älteren Kelchknospen-Kapitelle, die in den zwanziger bis fünfziger Jahren des 13. Jahrhunderts entstanden sind, mit ihrem Blatt und den Knospenlappen noch gegen die Deckplatte des Kapitells und stützen sie, vom Halsring

▲ Abb. 4
Mainz, Dom St. Martin und St. Stephan, Nordkapellenreihe, Fenster der ehem. Barbara-Kapelle, Kapitell des Mittelpfostens, Kapitell Typ 2a (Zeichnung: E. Altwasser)

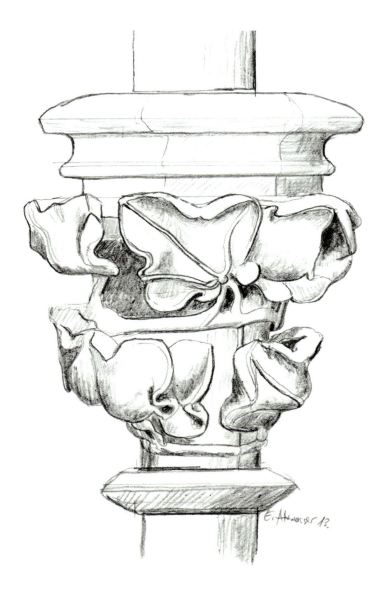

▲ Abb. 5
Mainz, Dom St. Martin und St. Stephan, Nordkapellenreihe, Fenster der ehem. Peter-und-Paul-Kapelle, inneres Kapitell des westlichen Fenstergewändes, Kapitell Typ 3a (Zeichnung: E. Altwasser)

ausgehend, ab, ist diese Funktion nun weitgehend aufgehoben. Morphologisch gesehen unterscheidet sich das hier verwendete Pflanzenmotiv von den älteren Formen dadurch, dass der ganze Kapitellkörper von durchlaufenden, Einzelblätter aussendenden Stängeln besetzt ist, während die andere Gruppe eigenständige, voneinander getrennte Blattbüschel in zwei Registern übereinander verwendet. Ähnliche Formen finden sich in Mainz bei Kapitellen der ehemaligen Magnus-, Lambertus- und Bonifatius-Kapelle, wo sich andere Laubarten, wie zum Beispiel Eichenlaub, finden.
Der Typus 3a **(Abb. 5)** entspricht bezüglich den aus dem Kapitellkern herauswachsenden Blattstielen im Prinzip dem Typus 2a **(Abb. 4)**, mit dem Unterschied, dass hier die Blätter, ähnlich dem Typ 1a **(Abb. 1)**, in zwei Registern übereinander angeordnet sind. Es handelt sich jeweils um Einzelblätter mit fünf Blattlappen pro Ast. Eine Besonderheit ist die bandartig um den Kapitellkern horizontal herumgelegte Blattranke, die die beiden Register voneinander trennt. Diese setzt sich seitlich des Kapitells auf dem Werkstein fort, eine Tendenz, die auch bei den Kapitellen in den nach Westen folgenden Kapellenfenstern zu beobachten ist: Mehr und mehr greift das Laubwerk über das eigentliche Kapitell hinaus auf

Typologie und Stilistik der Kapitelle

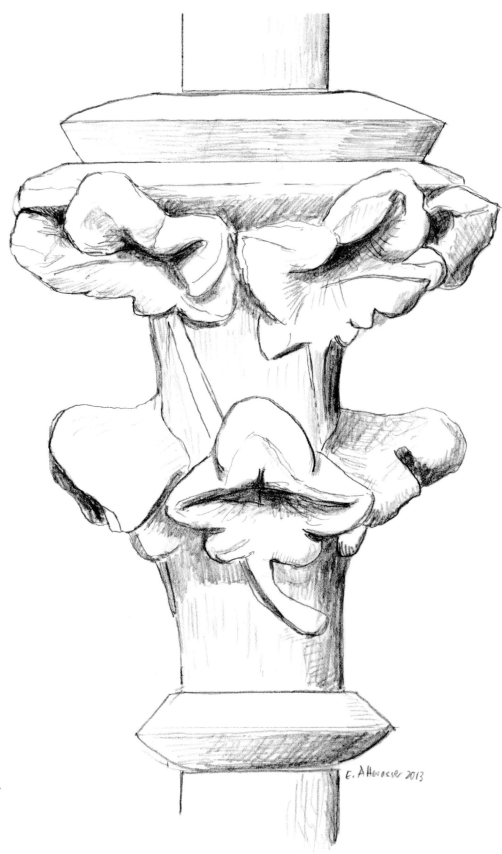

▶ **Abb. 6**
*Mainz, Dom St. Martin und St. Stephan, Nordkapellenreihe, Fenster der ehem. Magnus-Kapelle, äußeres Kapitell des östlichen Fenstergewändes, Kapitell Typ 1b
(Zeichnung: E. Altwasser)*

Typologie und Stilistik der Kapitelle

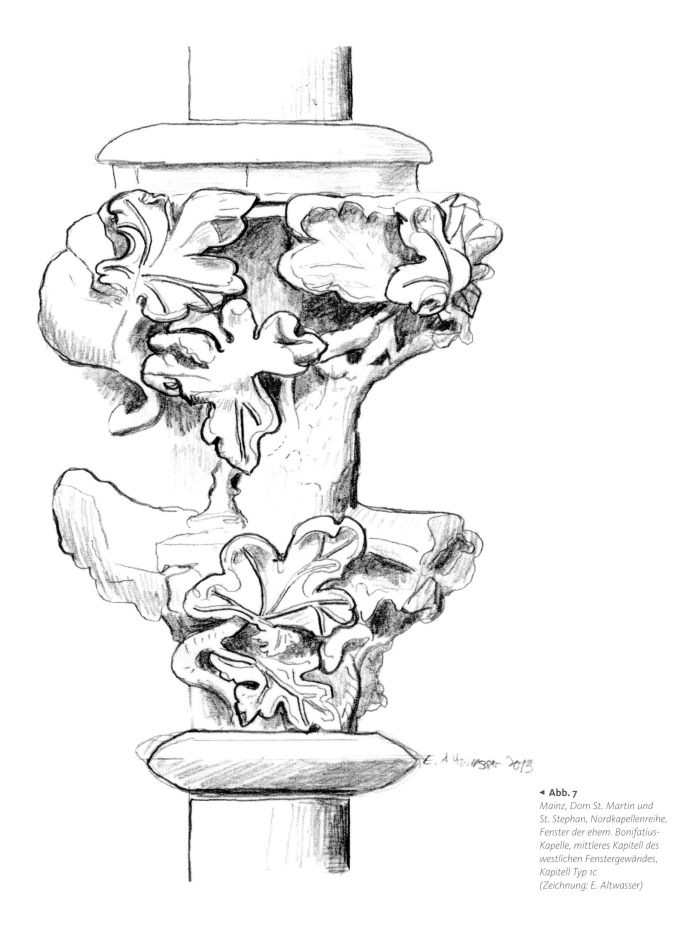

◄ **Abb. 7**
Mainz, Dom St. Martin und St. Stephan, Nordkapellenreihe, Fenster der ehem. Bonifatius-Kapelle, mittleres Kapitell des westlichen Fenstergewändes, Kapitell Typ 1c
(Zeichnung: E. Altwasser)

▶ **Abb. 8**
*Mainz, Dom St. Martin und St. Stephan, Nordkapellenreihe, Fenster der ehem. Magnus-Kapelle, inneres Kapitell des westlichen Fenstergewändes, Kapitell Typ 2b
(Zeichnung: E. Altwasser)*

Typologie und Stilistik der Kapitelle

◂ **Abb. 9**
*Mainz, Dom St. Martin und St. Stephan, Nordkapellenreihe, Fenster der ehem. Magnus-Kapelle, inneres Kapitell des östlichen Fenstergewändes, Kapitell Typ 2b
(Zeichnung: E. Altwasser)*

 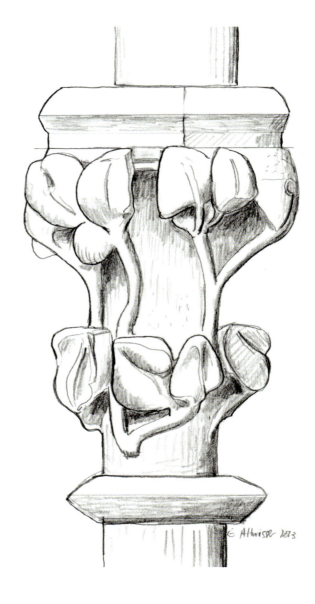

▲ Abb. 10
*Mainz, Dom St. Martin und St. Stephan, Nordkapellenreihe,
Fenster der ehem. Magnus-Kapelle, Kapitell des mittleren Fensterpfostens,
Kapitell Typ 2c (Zeichnung: E. Altwasser)*

▲ Abb. 11
*Mainz, Dom St. Martin und St. Stephan, Nordkapellenreihe,
Fenster der ehem. Bonifatius-Kapelle, Kapitell des mittleren Fensterpfostens,
Kapitell Typ 2d (Zeichnung: E. Altwasser)*

dessen Umgebung, und seine tektonische Funktion wird zu Gunsten einer reinen Dekoration aufgegeben.[7]

Bei den vier westlichen Fenstern, die über jeweils sieben Einzelkapitelle verfügen, werden die oben beschriebenen Typen grundsätzlich beibehalten, jedoch im Einzelnen variiert. So werden zum Beispiel bei den einzonig und zweizonig aufgebauten Blattstrukturen neue, unterschiedliche Pflanzentypen verwendet.

Zunächst wird der Typ 1a **(Abb. 1, 2)** in der Form wieder aufgenommen, dass der Blattstiel nun, ähnlich wie beim Typ 2a **(Abb. 4)**, nicht aus dem Halsring herauswächst, sondern oberhalb von

diesem beginnend, dem Kapitellkern appliziert ist. Der hier behandelte Typ 1b findet sich beim ersten und zweiten östlichen Kapitell am Fenster der ehemaligen Magnus-Kapelle (vierte Kapelle von Osten mit Fenster 7, **Abb. 6**), am Fenster der ehemaligen Lambertus-Kapelle (fünfte Kapelle von Osten mit Fenster 6, **Katalog-Abb. 16, 17**), hier beim zweiten und dritten Kapitell von Osten, während das erste Kapitell desselben Fensters noch den Typus 1a zeigt. Insbesondere bei dem östlichen Gewändekapitell am Fenster der ehemaligen Magnus-Kapelle (vierte Kapelle von Osten, **Abb. 8, 9**) zeigt sich das Übergreifen der Blattformen auf

▲ **Abb. 12**
Mainz, Dom St. Martin und St. Stephan, Nordkapellenreihe, Fenster der ehem. Lambertus-Kapelle, mittleres Kapitell des westlichen Fenstergewändes, Kapitell Typ 2e (Zeichnung: E. Altwasser)

▲ **Abb. 13**
Mainz, Dom St. Martin und St. Stephan, Nordkapellenreihe, Fenster der ehem. Peter-und-Paul-Kapelle, mittleres Kapitell des östlichen Fenstergewändes, Kapitell Typ 2e (Zeichnung: E. Altwasser)

den Werkstein außerhalb des Kapitellkerns und zwar so, dass sich hier eigenständige Blattmotive vom eigentlichen Kapitellkörper vollständig absondern.

Eine weitere Variante dieses zweizonigen Aufbaus zeigt sich im Typus 1c, der in zwei Varianten vorhanden ist. Es handelt sich um das fünfte und sechste Kapitell am Fenster der ehemaligen Bonifatius-Kapelle (sechste Kapelle von Osten mit Fenster 5, **Abb. 7**). Auch hier ruhen die Gruppen des Blattlaubes auf eigenständigen kleinen Stielen, die aus dem Kapitellkern herauswachsen, doch überschneiden sich die Blätter zum Teil sehr stark und sind vor allem mit Blick auf ihre erhaben gemeißelten Blattadern äußerst fein gearbeitet. Möglicherweise handelt es sich um die Blätter eines Feigenbaums oder um Weinlaub. Im Unterschied zu den bisher behandelten Kapitellen ist hier die Steinmetztechnik subtil und detailliert. Sie ähnelt insofern dem westlich benachbarten Figurenkapitell mit dem Hl. Martin und mindestens einem weiteren, typologisch etwas anders strukturierten Kapitell im Gewände des nach Westen folgenden Fensters.

Eine weitere Gruppe sind Ableitungen vom oben beschriebenen Kapitelltyp 2a, die ebenfalls in verschiedenen Varianten auftreten.

Typologie und Stilistik der Kapitelle

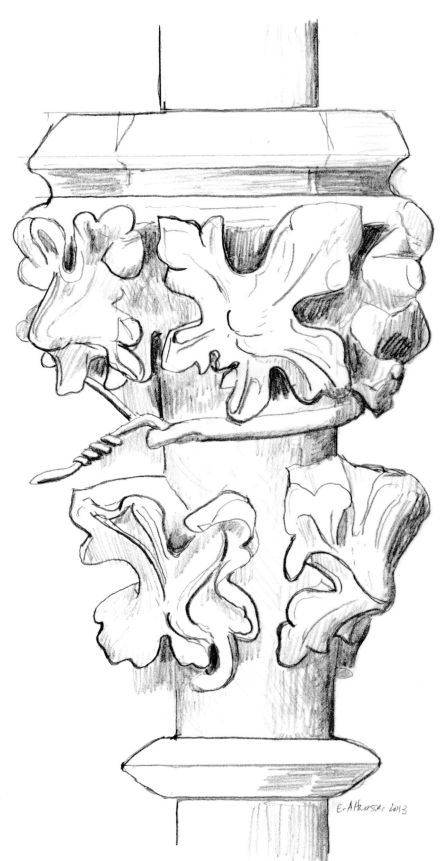

▶ **Abb. 14**
Mainz, Dom St. Martin und St. Stephan, Nordkapellenreihe, Fenster der ehem. Nazarius-Kapelle, Kapitell des mittleren Fensterpfostens, Kapitell Typ 3 (Zeichnung: E. Altwasser)

◄ **Abb. 15**
*Mainz, Dom St. Martin und
St. Stephan, Nordkapellenreihe,
Fenster der ehem.
Peter-und-Paul-Kapelle,
äußeres Kapitell des westlichen
Fenstergewändes, Kapitell Typ 3b
(Zeichnung: E. Altwasser)*

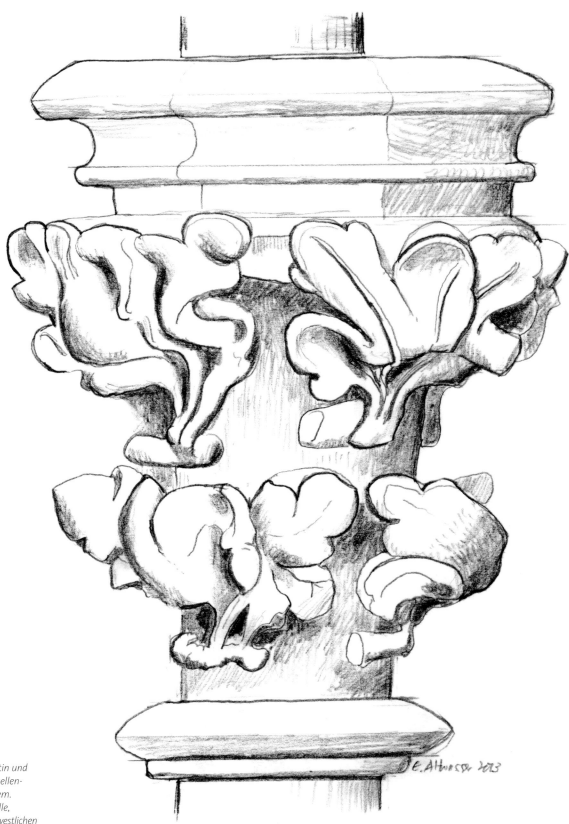

▶ **Abb. 16**
Mainz, Dom St. Martin und St. Stephan, Nordkapellenreihe, Fenster der ehem. Peter-und-Paul-Kapelle, inneres Kapitell des westlichen Fenstergewändes, Kapitell Typ 3b (Zeichnung: E. Altwasser)

Da wäre zunächst der Typ 2b mit Eichenlaub, der mit zusätzlichen Eicheln noch deutlicher als solches gekennzeichnet werden kann. Hierbei handelt es sich insbesondere um drei Kapitelle des Fensters der ehemaligen Magnus-Kapelle (Fenster 7, vierte Kapelle von Osten mit den Kapitellen 4 bis 6 von Osten, **Abb. 8, 9**). Alle anderen Kapitelle dieses Typus zeigen andere Pflanzenmotive.

Der Typ 2c in Form von S-förmig aufschwingenden Stängeln mit breiten, mehrfach eingekerbten Blättern sowie einer applizierten Blüte tritt nur einmal auf, nämlich beim dritten Kapitell von Osten am Fenster der ehemaligen Magnus-Kapelle (Fenster 7, **Abb. 10**). Mehrfach vertreten ist demgegenüber der Typ 2d, bei dessen Blattdekorationen es sich möglicherweise um Lindenblätter oder um Efeuranken handelt. Dieser Typus erscheint auf mindestens drei Kapitellen, nämlich beim dritten und vierten Kapitell am Fenster der ehemaligen Bonifatius-Kapelle **(Abb. 11)** sowie beim ersten Kapitell von Osten am Fenster der ehemaligen Peter-und-Paul-Kapelle **(Katalog-Abb. 29)**; möglicherweise entsprechen auch einige der stärker abgewitterten Kapitelle diesem Typus. Charakteristisch sind hier die sich zumeist aus einem Ast aufgabelnden kleineren Stängel. Die Blätter sind in der Regel ohne differenzierte Binnenstruktur gearbeitet. Bezüglich der sich aufgabelnden Äste entsprechen zwei weitere Kapitelle diesem Typus: Es handelt sich um die Kapitelle vier und fünf von Osten der ehemaligen Lambertus-Kapelle (fünfte Kapelle von Osten mit Fenster 6, **Katalog-Abb. 18, 19**). Diese unterscheiden sich jedoch von den oben genannten durch ihre Blattmotive. Beim vierten Kapitell handelt es sich offensichtlich um Weinlaub, wobei hier die Blattadern und die Konturen der Blätter äußerst fein herausgearbeitet sind. Beim fünften Kapitell sind es demgegenüber längliche, stark bewegte Blätter mit drei Lappen.

Schließlich gehört in diese Gruppe noch der Typ 2 e, bei dem es sich um Kapitelle handelt, deren vegetabile Dekoration lediglich aus einem großen, den gesamten Kapitellkörper bedeckenden Blatt besteht. Es handelt sich zum einen um das sechste Kapitell von Osten am Fenster der ehemaligen Lambertus-Kapelle (fünfte Kapelle von Osten mit Fenster 6, **Abb. 12**), bei dem jeweils breite palmettenartige Blattlappen aufsteigen, die sich unter der Deckplatte in drei einzelne Blattzipfel auf, beziehungsweise vorwölben. Einzelblätter sitzen auch auf dem zweiten Kapitell von Osten am Fenster der Peter-und-Paul-Kapelle (siebte Kapelle von Osten mit Fenster 4, **Abb. 13**). Hier handelt es sich jedoch um von feinen Blattadern durchzogene Eichenblätter, die einem vom Halsring ausgehenden Stängel entwachsen und sich unter der Deckplatte vorbuckeln. Auch dieses Kapitell zeigt eine sehr feine Steinmetzarbeit.

Eine besondere Gruppe (Typ 3, **Abb. 14**) bilden die drei Kapitelle am westlichen Gewände des Fensters der ehemaligen Peter-und-Paul-Kapelle (siebte Kapelle von Osten mit Fenster 4, **Abb. 15, 16**). Sie entsprechen in ihrem strengen zweizonigen Aufbau durchaus dem oben beschriebenen Kapitelltyp 1, sind jedoch in ihren Proportionen erheblich gedrungener und zeigen eine andere, in sich einheitliche Steinmetztechnik. Darüber hinaus unterscheiden sich ihre reicher gegliederten Deckplatten von allen anderen bisher behandelten Kapitellen. Bei aller Einheitlichkeit gibt es zwei unterschiedliche Typen: Beim Typ 3 a handelt es sich offensichtlich um gewellte Efeublätter, die jeweils aus den gesamten Kapitellkern umziehenden, horizontalen Ranken herauswachsen. Beim Typus 3 b sind diese horizontalen Ranken auf kurze, ebenfalls horizontale, dem Kapitellkern applizierte Aststücke reduziert, aus denen nun reich bewegte, zumeist dreilappige Blätter aufsteigen. Beim sechsten Kapitell von Osten an diesem Fenster **(Abb. 15)**, welches ebenfalls dem Typ 3 b entspricht, ist das Blattwerk eindeutig als Eichenlaub zu identifizieren. Die kurzen horizontalen Aststücke sind letztendlich das modernste Element, welches an der Kapitellplastik der Nordkapellen des Mainzer Doms zu finden ist. Durch die gewissermaßen aufgeklebten Aststücke wird der dekorative Charakter als eigenständige Blattapplikation besonders deutlich.

---

1 Gessner 1935. **2** Weigert 1936, Seite 103–124. **3** Weigert 1948, Sp. 855–867. **4** Behling 1964. **5** Roth 1990 und Roth 1992, Seite 303–305. **6** Döpke 2004, Seite 95–103. **7** Die weiteren drei noch erhaltenen Kapitelle der östlichen Kapellenfenster sind so stark verwittert, dass sie den hier beschriebenen Typen nicht definitiv zugeordnet werden können, zeigen in ihren Resten aber einen prinzipiell gleichen Aufbau.

ELMAR ALTWASSER
DIE KAPITELLE IM EINZELNEN

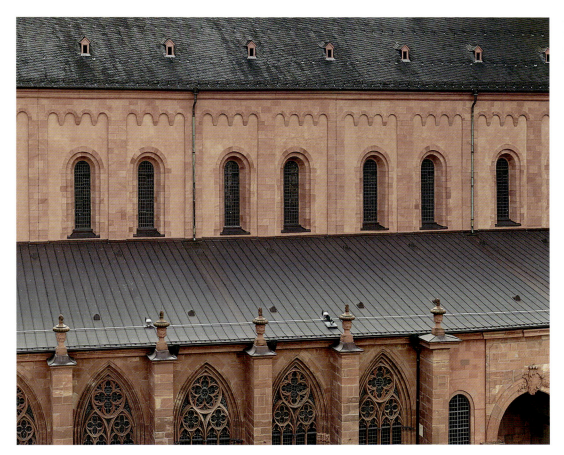

◄ Abb. 17
Mainz, Dom St. Martin und St. Stephan, Nordfassade, Detail

Wie oben bereits erwähnt, besitzen nur die Maßwerkfenster der ursprünglich sieben östlich vom Marktportal gelegenen Kapellen Kapitelle. Die beiden Fenster der an den nordwestlichen Querhausarm nach Osten anschließenden ehemaligen Marien-Kapelle (heute Sakramentskapelle) zeigen modernes Maßwerk des ausgehenden 15. Jahrhunderts, das ohne Kapitelle auskommt. Von den ursprünglich 37 am Außenbau vorhandenen Kapitellen der nördlichen Kapellen sind heute im Bestand noch 34 erhalten. Der Erhaltungszustand der noch vorhandenen Kapitelle ist sehr disparat. Die Anzahl der in den Maßwerken der Fenster vorhandenen Kapitelle variiert zwischen den drei östlichen und den anschließenden vier nach Westen folgenden Kapellen: Die drei östlichen Kapellenfenster besitzen jeweils drei Kapitelle, von der vierten bis zur siebten Kapelle sind die Maßwerke der Fenster dann jeweils mit insgesamt sieben Kapitellen – drei in den seitlichen Fenstergewänden und eines auf dem mittleren Pfosten – ausgestattet. Die Kapitelle der ersten drei Kapellen sitzen in der Hierarchie des Maßwerks jeweils den Stäben der ersten Ordnung auf. Ab der vierten Kapelle von Osten wird das Profil der Fenstergewände um einen zusätzlichen Stab in der Kehle bereichert, und die Kapitellzone wird entsprechend auf jeweils drei Kapitelle vom inneren Stab erster Ordnung nach außen erweitert.

DIE VICTOR-KAPELLE MIT FENSTER 10

Die Victor-Kapelle ist die erste Kapelle im Osten des Doms, die direkt an den nordöstlichen Treppenturm anschließt. Sie ist sowohl durch ihr sehr großes acht-bahniges Maßwerkfenster als auch durch ihre Dachlösung hervorgehoben. Sie zeigt auch im Inneren noch ihre ursprüngliche Größe und hat bis heute dasselbe Patrozinium.

KATALOG-ABB. 1
Das östliche Gewändekapitell

Das Kapitell im östlichen Gewände des Fensters der Victor-Kapelle gehört dem originalen Baubestand an. Es ist aus einem der Werksteine des Gewändes herausgearbeitet und nimmt dessen Höhe vollständig ein. Im Gewändeprofil sitzt es dem inneren Stab der ersten Ordnung über einem angespitzten Halsring auf und hat im Kern die Form eines sehr schlanken Kelchkapitells. Der Kapitellkörper ist mit aus dünnen Stängeln herauswachsenden, krausen Blättern besetzt. Die Blätter sind in zwei vollständig voneinander getrennten Registern übereinander angeordnet. Jeder dieser Blattkränze besteht aus drei Einzelgruppen von jeweils vier diagonal angeordneten, breiten Blattlappen. Die Blätter des oberen Registers tragen zusätzlich kleine Blüten. Die einzelnen Blattlappen sind leicht gekehlt, die Blattspitzen schwingen kaum merklich vor und die Blattadern sind erhaben herausgearbeitet. Die Stängel der unteren Blattreihe entwachsen dem Halsring so, dass pro Blattgruppe jeweils zwei Stängel nach oben schräg zulaufend sich unter dem Blatt treffen. Dabei sind die Stängel nicht rundlich, sondern wirken eher wie platt gedrückte Bänder und erscheinen nur durch eine seitliche Kehle erhaben. Die Blattstängel des oberen Registers sind gleich gebildet und entspringen hinter den Blättern des unteren Registers dem Kapitellkern. Die Blätter der oberen Reihe werden abrupt von der flachen Deckplatte des Kalathos abgeschnitten. Darüber leitet ein tiefer Einschnitt in eine flache oktogonale Abakusplatte über. Die gesamte Komposition des Kapitells entbehrt nicht einer gewissen Tektonik, wie dies bei den älteren Kelchkapitellen noch durchweg der Fall ist. Die Funktion des Kapitells als vermittelndes Bauglied zwischen den lastenden und den tragenden Teilen der Architektur ist hier noch nicht vollends aufgehoben.

 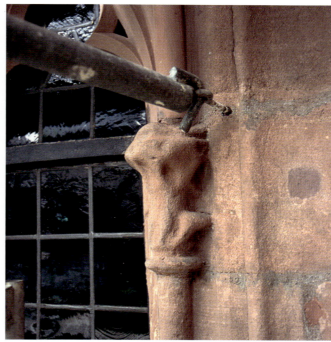

KATALOG-ABB. 2
Das Kapitell des Mittelpfostens
Das Kapitell des mittleren Pfostens ist mehr oder weniger identisch mit dem Kapitell des östlichen Gewändes, jedoch etwas besser erhalten. Der Mittelpfosten des Fensters entspricht in der Hierarchie des Maßwerks der ersten Ordnung. Auch hier sind es zwei Register von Blattbüscheln, die jeweils zwei Blattstängeln entwachsen. Die Blattgruppen des oberen Registers sind diagonal zu denjenigen des unteren Registers angeordnet. Ein wesentlicher Unterschied zum Kapitell des östlichen Gewändes besteht in der Gestaltung der einzelnen Blattgruppen. Sie sind hier nicht aus großen Blattlappen, sondern aus in der Regel fünf schmaleren Einzelblättern mit dreifachen Blattspitzen gebildet. Darüber hinaus ist die Kontur der Blattbüschel weitaus bewegter: Die Blattbüschel haben dort, wo die Blattstängel einmünden, jeweils ihre höchste Stelle. Von hier aus schwingen die einzelnen Blattlappen auf die Ebene des Kapitellkerns herunter, um dann die Spitzen entweder hochzurecken oder sich an den Kapitellkern anzuschmiegen. Auch hier sind die aus dem Halsring und dem Kapitellkern herauswachsenden Stängel eher bandartig gebildet. Der Kapitellkern scheint sich nach oben etwas kelchartiger zu verbreitern, sodass der tektonische Charakter noch etwas deutlicher ist. Der obere Abschluss des Kapitells durch Deckplatte, Kehle und angedeuteter gespitzter oktogonaler Abakusplatte ist mit dem östlichen Gewändekapitell identisch.

KATALOG-ABB. 3
Das westliche Gewändekapitell
Das Kapitell im westlichen Gewände ist stark abgewittert. Im Typus entspricht es jedoch den beiden anderen Kapitellen des Fenstermaßwerks. Als schlankes Kelchkapitell erhebt es sich über einem angespitzten Halsring. Die in zwei Registern angeordneten Blätter sind nicht mehr zu identifizieren. Den oberen Abschluss bildet wiederum eine durch eine Kehle vom eigentlichen Kapitell geschiedene Abakusplatte.

DIE EHEMALIGE BARBARA-KAPELLE MIT FENSTER 9

Die ehemalige Barbara-Kapelle ist die zweite Kapelle von Osten. Wie die Victor-Kapelle besitzt sie ein großes achtbahniges Maßwerk-Fenster mit insgesamt drei Kapitellen in der Kapitellzone. Heute ist sie mit der ehemaligen Nazarius-Kapelle zur ersten der im Inneren zweijochigen Kapellen zusammengefasst und dem Hl. Petrus geweiht. Das gesamte Maßwerk im Couronnement scheint ausgetauscht oder stark überarbeitet zu sein. Es entspricht jedoch bis ins Detail dem Maßwerk von Fenster 10 der Victor-Kapelle ohne Varianten auch bezüglich der Ausgestaltung der lilienförmigen oder blattförmigen Endigungen der Vierpässe.

KATALOG-ABB. 4

Das östliche Gewändekapitell

Das Kapitell im östlichen Gewände des Fensters der ehemaligen Barbara-Kapelle ist aus dem Werkstein der Fensterlaibung herausgearbeitet. Es hat einen angespitzten Halsring und zwei Register von Blättern, die jedoch stark verwittert sind. Das Kapitell steigt im Kern zunächst zylindrisch auf, um dann in einer flachen Deckplatte auszuschwingen. Es dürfte also im Typus den oben beschriebenen Kapitellen in Fenster 10 entsprechen.

KATALOG-ABB. 5
Das Kapitell des Mittelpfostens

Im Unterschied zum Kapitell im östlichen Gewände des Fensters ist das Kapitell des Mittelpfostens hervorragend erhalten. Es ist aus dem oberen Teil des hier über einen Meter hohen Hauptpfostens herausgearbeitet und bildet mit diesem einen Werkstein. Der prinzipielle Aufbau mit angespitztem Halsring, zylindrischem Kalathos, Deckplatte, Einschnürung und etwas einspringender oktogonaler Deckplatte ist identisch mit dem Kapitell des östlichen Gewändes sowie mit den Kapitellen im Fenster der Victor-Kapelle. Appliziert ist jedoch ein völlig neues Blattmotiv: Nicht zwei voneinander abgesetzte einzelne Blattkränze bilden den Dekor, sondern drei dem Kapitellkern applizierte, über seine gesamte Höhe laufende Blattbüschel. Diese beginnen mit ihren Stängeln nicht organisch am Halsring, sondern gut zwei Zentimeter darüber. Sie bilden geschwungen nach oben verlaufende Zweige, aus denen auf zwei Ebenen seitlich jeweils Blätter herauswachsen, entweder einzelne lanzettförmige sowie, ähnlich wie beim mittleren Kapitell des östlichen Fensters, breitere dreiteilige Blattlappen. Die oberen Blattbüschel schmiegen sich organisch an die Deckplatte an, überschneiden sie sogar teilweise, die seitlichen Blattbüschel setzen sich auf den Kehlen des Fensterpostens fort. Die Blätterdekoration des Kapitells greift also auf die angrenzenden Bauglieder über. Da die Blattbüschel mit ihren Stängeln nicht mehr aus dem Halsring herauswachsen, sie sich gewissermaßen von der vorgegebenen Tektonik des Kapitells ablösen, wirken sie hier wie Applikationen, die sich von der funktionalen Tektonik des Kapitells getrennt haben. Darüber hinaus wirken sie bewegter als die Blätter im östlichen Fenster.

OHNE ABBILDUNG
Das westliche Gewändekapitell

Das westliche Fenstergewände zeigt heute kein Kapitell mehr. Dem Augenschein nach sind an dieser Stelle die beiden oberen Werksteine ausgetauscht. Die neuen Werksteine sind mit verbleiten Eisenhaken untereinander und mit dem darunterliegenden noch dem ursprünglichen Baubestand angehörenden Werkstein verbunden und zeigen eine horizontale Scharrierung. Im Gegensatz zur Kapitellzone auf der gegenüberliegenden Seite setzt sich der neue Werkstein nicht über das gesamte Gewände fort, sondern endet am ersten kleineren Stab vor der Kehle des Überfangbogens des Fensters.

DIE EHEMALIGE NAZARIUS-KAPELLE MIT FENSTER 8

Die ehemalige Nazarius-Kapelle ist die dritte Kapelle von Osten und bildet heute das westliche Joch der nun dem Hl. Petrus geweihten Kapelle. Der ursprünglich die beiden Kapellen voneinander scheidende Maßwerkvorhang ist heute vollständig entfernt.

KATALOG-ABB. 6

Das östliche Gewändekapitell

Das Kapitell des östlichen Gewändes im Fenster der ehemaligen Nazarius-Kapelle ist stark verwittert. Im Typus handelt es sich um ein schlankes Kelchkapitell, bei dem noch zwei Register von Blattkränzen zu erahnen sind. Doch sind sonst keine weiteren Details zur näheren Bestimmung erhalten.

KATALOG-ABB. 7
Das Kapitell des Mittelpfostens
Das Kapitell des mittleren Fensterpfostens ist wie die anderen Kapitelle als schlankes Kelchkapitell gearbeitet, das über einem angespitzten Halsring ansetzt und mit zwei Registern von Blättern besetzt ist. Es ist bis in seine Details in einem hervorragenden Erhaltungszustand, lediglich einige Blattspitzen sind abgeplatzt. Obwohl die grundsätzliche Struktur zunächst derjenigen der bereits besprochenen Kapitele entspricht, unterscheiden sich etliche Details von den Kapitellen der östlichen beiden Fenster. Auch hier wachsen die Stängel der unteren Blätter nicht mehr aus dem Halsring heraus, sondern sprießen unmittelbar aus dem Kapitellkern. Die sich aus ihnen entwickelnden Blattgruppen bestehen jeweils aus fünf Einzelblättern, sind asymmetrisch und stark bewegt. Sie wölben sich zur Mitte hin auf, schwingen dann zum Kapitellkern herunter, um mit den Blattzipfeln wieder aufzuschwingen. Es handelt sich um schmale, schlanke Blätter, die jeweils in drei Blattzipfeln enden. Die Blattadern sind gratig hervorgehoben. Der obere Blattkranz ist ohne Stängel dem Kalathos unmittelbar appliziert. Direkt unterhalb der oberen Blattreihe umzieht den Kapitellkern eine ihn gewissermaßen verklammernde Schnur, die an der linken Seite in der Kehle des Pfostens verknotet ist und in der Kehle auslaufendes Schnurende besitzt. Das Schnurende ist dort mit einem vierfachen Knoten umwickelt, damit es nicht „ausfranst" – die Schnur könnte auch als Weinranke interpretiert werden. Zu der lockeren Anordnung und den bewegten Formen des Blattwerkes tritt damit ein spielerisches Element hinzu. Es handelt sich um eine sehr zierliche Steinmetzarbeit.

KATALOG-ABB. 8
Das westliche Gewändekapitell
Das Kapitell im westlichen Fenstergewände ist ebenfalls ein schlankes Kelchkapitell über angespitztem Halsring. Auch hier sind in zwei Registern Blätter mit stark bewegter Blattkontur angeordnet. Sie entsprechen den anderen Kapitellen im Maßwerk dieses Fensters. Hier wird jedoch das Motiv der knapp oberhalb des Halsrings aus dem Kapitellkern herauswachsenden doppelten Blattstängeln die zum Blatt hin spitzwinklig auslaufen, wieder aufgenommen. Der obere Blattkranz kragt wieder relativ weit vor. Kehle und Abschlussplatte, die beide wiederum aus dem Oktogon entwickelt sind, treten zurück.

DIE EHEMALIGE MAGNUS-KAPELLE MIT FENSTER 7

Die ehemalige Magnus-Kapelle ist die vierte Kapelle von Osten und bildet heute zusammen mit der ehemaligen Lambertus-Kapelle die größere Magnus-Kapelle. Das Maßwerk im Fenster der Kapelle besitzt nun insgesamt sieben Kapitelle. Waren bisher lediglich die das Maßwerk im Couronnement konstituierenden Stäbe der ersten Ordnung mit Kapitellen ausgestaltet, treten jetzt im Gewände zwei weitere, mit Basis und Kapitell ausgestattete Stabprofile hinzu, die sich um das gesamte Fenster herumziehen. So sind nun in den Gewänden zwei Kehlen vorhanden, die von einem schmaleren inneren und einem etwas breiteren äußeren Stab getrennt werden und oberhalb der Kapitelle in dieser Form das gesamte Gewände des Fensters umlaufen. Jedem der damit insgesamt sechs Rundstäbe sowie dem mittleren Fensterpfosten ist ein Kapitell zugeordnet.

KATALOG-ABB. 9
Das östliche Kapitell des östlichen Gewändes

Das erste Kapitell im östlichen Gewände ruht auf dem dickeren, das gesamte Fenster als eine Art äußere Umrahmung umlaufenden Stab. Das relativ gut erhaltene Kapitell zeigt einen zweizonigen Aufbau. Ähnlich den oben beschriebenen Kapitellen ist es als schlankes Kelchkapitell mit zwei Registern von Blättern gebildet. Im Vergleich zu den anderen Kapitellen treten allerdings einige Varianten auf. Auch hier wachsen bei der unteren Blattreihe die Stiele nicht mehr aus dem Halsring heraus, sondern sind dem Kapitellkern oberhalb von diesem appliziert. Die Blätter selbst sind nicht mehr hochgewölbt, sondern kraterartig eingezogen. Es handelt sich hier also nicht um ein „Wölbblatt", sondern um einen Blatttyp, bei dem die einzelnen Blattlappen von einem eingezogenen Zentrum aufschwingen. Eine ähnliche Struktur zeigen auch die Blätter unterhalb der Deckplatte, die sich mit ihrer kraterartigen mittleren Einziehung unter die Platte schmiegen, wobei sie oben über die Deckplatte vorstoßen oder sich um sie kringeln. Der bekannte Typus ist also mit einer neuen, stark bewegten Blattform kombiniert. Bei den Blättern handelt es sich am ehesten um „Blütenblätter" und nicht um Astblätter.

OHNE ABBILDUNG
Das mittlere Kapitell des östlichen Gewändes

Das zweite Kapitell des östlichen Gewändes ist heute nicht mehr vorhanden. Hier ist der Werkstein des Stabs, dort wo ehemals das Kapitell saß, ausgetauscht.

KATALOG-ABB. 10
Das westliche Kapitell des östlichen Gewändes

Das dritte Kapitell sitzt auf dem inneren Stab des östlichen Gewändes. Es handelt sich um ein schlankes Kelchkapitell auf angespitztem Halsring, das in zwei Registern von Blütenblättern auf ebenso kurzen Stängeln wie am östlichen Kapitell besetzt ist. Die vegetabile Dekoration dieses Kapitells setzt sich, im Unterschied zu den Fenstern der östlich davon liegenden Kapellen, in der inneren Fensterlaibung weiter zum Fensterlumen hin fort. So basiert dieses Kapitell noch auf dem bisher beschriebenen Typus, zeigt demgegenüber jedoch Neuerungen, die als eine Bereicherung der Form bezeichnet werden können. Auch die Deckplatte des Kapitells ist hier gegenüber den Kapitellen der östlichen Fenstermaßwerke variiert: Wie bei den oben beschriebenen Kapitellen kragt auch hier die untere Platte etwas weiter vor, darüber folgt eine Kehle und eine leicht einspringende angespitzte Abschlussplatte. Diese bezieht sich jedoch nicht nur auf das Kelchkapitell selbst, sondern läuft nach außen weiter und überdeckt hier die innere Kehle des Gewändes zum Glas des Fensters hin. Betont wird dadurch der gesamte Kämpferbereich des Maßwerks, nicht nur der Überfangbogen der ersten Ordnung, sondern auch der Ansatz des genasten Spitzbogens der dritten Ordnung, der die einzelnen schmalen Fensterbahnen überdeckt. Auch das Blattwerk macht diese Bereicherung mit, indem es vom Kapitellkern ausgehend über die Gewändekehle kriecht. Die Blätter der zwei Register des Kapitells springen auf ihren kaum unterschnittenen „Sockeln" weit vor und bilden bewegte Blattbüschel, die Stängel sind kaum ausgebildet. Die oberen Blattgruppen sind sehr bewegt und zeigen symmetrische Blatteinrollungen zur Deckplatte hin. Auf Höhe der unteren Blattebene wächst rechts des Kapitellkerns ein weiteres Blatt auf den Werkstein des Gewändes hinaus. Allerdings ist es heute abgeplatzt, sodass man lediglich dessen Abbruchkanten wahrnehmen kann. Aus diesem Blatt wächst nach oben ein kräftig modellierter, gestreifter Stängel heraus, auf welchem ein bewegtes Blattbüschel die Kehle des Gewändes unter der Deckplatte besetzt. Unterhalb dieser Gruppe ist in der Kehle ein weiteres, isoliertes Blatt herausgemeißelt, an dessen S-förmig geschweiftem Stängel es mit vier gezackten Blattlappen nach unten hängt. Auch hier also wurde die Blattzier vom Kapitell auf dessen Umgebung ausgedehnt.

Die Kapitelle im Einzelnen

KATALOG-ABB. 11

Das Kapitell des mittleren Fensterpfostens

Das Kapitell des mittleren Fensterpfostens zeigt denselben Typus wie die oben beschriebenen Kapitelle der östlichen Kapellen über flachem, angespitztem Halsring. Oberhalb des Halsringes setzt ohne Stängel eine asymmetrische Gruppe von Blüten und Blättern an, aus der S-förmig gewellte, tordierte Stängel hochwachsen, die Gruppen von jeweils zwei Blättern ausschicken. Bei diesem Kelchkapitell zeigt sich die Bereicherung der Form darin, dass die Kehle der Deckplatte durch ein weiteres schmales Plättchen stärker profiliert ist. Es hat nun, wie bereits ein Kapitell in der ersten Fenstergruppe, keine klar getrennten Blattregister. Hinzutreten jeweils geschwungene, vom Halsring bis zur Deckplatte aufsteigende Stängel, die einzelne Blätter aussenden. Insgesamt sind an diesem Kapitell drei dieser „Pflänzchen" vorhanden. Im unteren Bereich werden längsovale Blätter ausgeschickt, die mehrere eingeritzte Markstrahlen zeigen. Zwischen ihnen ist eine in Frontalansicht dargestellte Blüte mit acht Blättern angeordnet. Jeweils zwei dieser längsovalen, fein gerieften Blätter entwachsen darüber den Stängeln und überlappen, in sich leicht gewellt, die Deckplatte.

KATALOG-ABB. 12

Das östliche Kapitell des westlichen Fenstergewändes

Das innere oder östliche Kapitell im westlichen Fenstergewände zeigt den auf der Nordseite üblichen Typus. Dem schlanken Kelchkapitell sind hier einzelne Eichenblätter, die zusätzlich durch den Zweigen angeheftete Eicheln charakterisiert sind, aufgelegt. Die bisher weitgehend durchgehaltene Differenzierung des Dekors in zwei mit Blättern besetzte Register wird auch hier nahezu aufgegeben. Einzelne Stängel, von denen die Blätter ausgehen, wachsen scheinbar von unten nach oben empor. Die Stängel, die die unteren und oberen Blätter miteinander verbinden, liegen dabei freiplastisch vor dem Kapitellkern, weshalb Teile davon heute abgebrochen sind. Entsprechend dem westlichen Kapitell des östlichen Gewändes setzt sich der Blattdekor in die Fensterlaibung innerhalb der Kehle fort. Hier ist es ein einzelner Zweig mit bucklig gewellten Blättern, die diejenigen der Äste des Kapitells überschneiden. Neben der Verschleifung der beiden Register miteinander ist ein weiterer Fortschritt der steinmetzmäßigen Bearbeitung darin zu sehen, dass die einzelnen Elemente des pflanzlichen Dekors freiplastisch herausmodelliert werden und nicht mehr auf unterstützenden „Sockeln" an den Kapitellkern geklebt sind.

KATALOG-ABB. 13
Das mittlere Kapitell des westlichen Fenstergewändes
Das mittlere Kapitell des westlichen Gewändes ist entsprechend aufgebaut und dekoriert wie das östlich benachbarte Kapitell. Im Unterschied zum Nachbarkapitell ist es etwas schlanker – es sitzt einem etwas dünneren Birnstab auf –, und seine Deckplatte ist in ihrem Profil nochmals bereichert: Die Platten zeigen jeweils an der Stirn weitere Riefen. Die bei den oben beschriebenen Kapitellen vorhandenen zwei Zonen der Blattdekoration sind dabei noch stärker miteinander verschliffen. Dem Kapitellkern liegen hier drei Äste mit Eichenlaub auf, die zum Teil vom Halsring bis zur Deckplatte durchlaufen und auf halber Höhe mit einem Blatt und unterhalb der Deckplatte mit zwei, freiplastisch gearbeiteten Blättern besetzt sind. Die Äste sind kräftig, rund modelliert, zum Teil sind sie unterschnitten und liegen frei vor dem Kapitellkern, weshalb auch hier einige heute abgebrochen sind. Die Eicheln als Charakterisierung des Blatttypus fehlen auch hier nicht.

KATALOG-ABB. 14
Das westliche Kapitell des westlichen Fenstergewändes
Das westliche oder äußere Kapitell im westlichen Fenstergewände ist wie das äußere Kapitell im östlichen Gewände entsprechend dem Stab etwas wuchtiger gestaltet. Der Aufbau mit von unten nach oben über das gesamte Kapitell verlaufenden Ästen und dem zum Teil kräftig unterschnittenen, gebuckelten und mit Eicheln besetzten Eichenlaub entspricht dem der benachbarten Kapitele. Das Kapitell zeigt möglicherweise Reste einer blaugrünen Fassung.

DIE EHEMALIGE LAMBERTUS-KAPELLE MIT FENSTER 6

Die ehemals dem Hl. Lambertus geweihte Kapelle ist die fünfte Kapelle von Osten und heute das westliche Joch der nun sich über zwei Joche erstreckenden Magnus-Kapelle mit dem Bassenheimer Altar. Der Aufbau des Gewändes mit jeweils drei Stäben in den seitlichen Gewänden, die mit Basis und Kapitell ausgestattet sind, entspricht dem des östlich benachbarten Kapellenfensters. So finden sich auch an diesem Fenster insgesamt sieben Kapitelle – drei im östlichen Fenstergewände, eines auf dem mittleren Pfosten des Maßwerks und drei weitere Kapitelle im westlichen Fenstergewände. Die hier im Maßwerk vorhandenen Kapitelle sind weitgehend dem originalen Bestand zuzurechnen, sie sind jedoch relativ stark verwittert.

KATALOG-ABB. 15

Das östliche Kapitell des östlichen Gewändes

Das östliche oder erste Kapitell im östlichen Fenstergewände enstpricht im Typus als schlankes Kelchkapitell, das sich über einem angespitzten Halsring erhebt, den zuvor beschriebenen Kapitellen der Nordseite. Zusammen mit den beiden weiteren Kapitellen im östlichen Fenstergewände ist es aus einem Werkstein gearbeitet. Im Gegensatz zu den Kapitellen im Maßwerk der ehemaligen Magnus-Kapelle findet sich hier wieder eine deutliche Scheidung der Blattreihen in zwei übereinanderliegende Register. Die unteren Blätter wachsen auf doppelten bandartigen Stängeln aus dem Halsring heraus und bilden drei tütenartig vorspringende Blättchen, die aufgrund des Erhaltungszustands botanisch heute nicht mehr identifiziert werden können. Die Stängel der unteren Reihe verbinden sich unterhalb der Blätter zu einem Dreieck. Mit dieser Form sowie der strengeren Scheidung in zwei Register schließen sie sich an die aus der Bauphase I a stammenden älteren Kapitelle im Osten an. Im zweiten Register darüber folgen fünf stark abgewitterte wulstartige Blätter. Die Deckplatte ist fast vollständig zerstört.

KATALOG-ABB. 16

Das mittlere Kapitell des östlichen Gewändes

Entsprechend der Gliederung im Maßwerk der ehemaligen Magnus-Kapelle sind die Stäbe auch hier in ihrem Durchmesser differenziert. Jeweils die mittleren Stäbe haben einen etwas geringeren Querschnitt, entsprechend sind die Kapitelle, die sich wie üblich über einem angespitzten Halsring erheben, schlanker als die beiden seitlichen Kapitelle. Das mittlere Kapitell des östlichen Fenstergewändes ist stark von Witterungseinflüssen gezeichnet. Vor allem der obere Bereich des Kapitells ist nahezu zerstört, nur Teile der Deckplatte sind erhalten. Auch hier ist der Dekor in zwei Registern übereinander angeordnet. Soweit erkennbar schlagen die Blätter zur einen Seite hin verweht asymmetrisch aus. Doch ist der Blattcharakter im Einzelnen nicht mehr zu identifizieren, wohl aber die tütenförmigen Blattsockel, wie bei den älteren Kapitellen im Osten.

KATALOG-ABB. 17

Das westliche Kapitell des östlichen Gewändes

Auch das westliche Kapitell des östlichen Fenstergewändes ist stark verwittert, wenngleich es etwas besser erhalten ist als die beiden anderen Kapitelle des östlichen Fenstergewändes. Im Typus, der Zweizonigkeit des Dekors und wahrscheinlich auch der botanischen Zuordnung des Laubes entspricht es den beiden anderen. Auch hier ist die einstige Struktur der Blätter kaum mehr auszumachen, doch kann man die Bewegung der einzelnen Blätter, die asymmetrisch verweht erscheinen, noch gut nachvollziehen.

KATALOG-ABB. 18

Das Kapitell des mittleren Fensterpfostens

Auch das Kapitell des mittleren Pfostens zeigt relativ starke Verwitterungsspuren, vor allem im oberen Bereich – hier ist die Deckplatte fast vollständig verschwunden. Die Blätter des unteren Blattkranzes sind dagegen einigermaßen gut erhalten. Im Unterschied zu den Kapitellen des östlichen Fenstergewändes, die einen deutlichen Aufbau in zwei Registern erkennen lassen, ist der Dekor dieses Kapitells demjenigen der Kapitelle im Fenstermaßwerk der ehemaligen Magnus-Kapelle ähnlicher: Vom im Profil leicht spitz zulaufenden Halsring steigen nahezu runde Äste auf, die sowohl die Blätter des unteren Blattkranzes tragen, als auch weitere Ästchen für die Blätter des oberen Registers aussenden. Diese rollen sich unterhalb der Deckplatte nach unten ein und sind leider botanisch nicht mehr bestimmbar. Die unteren Blätter hingegen wirken noch heute sehr organisch. Es handelt sich um große fünflappige, zwischen den Blattlappen „ösenförmig" eingekerbte Weinblätter, deren Blattadern in sehr feiner Technik erhaben gearbeitet sind. Reste einer blau-grünen Farbfassung sind erhalten.

KATALOG-ABB. 19

Das östliche Kapitell des westlichen Fenstergewändes

Das östliche oder innere Kapitell im westlichen Fenstergewände zeigt ähnlich wie das Kapitell des mittleren Fensterpfostens auf den ersten Blick wieder den von den vielleicht älteren Kapitellen der östlichen Kapellenfenster bekannten Blätterdekor in zwei voneinander geschiedenen Registern. Doch sind hier genauso wie beim Kapitell des Mittelpfostens die Blattreihen durch von unten nach oben durchlaufende Äste miteinander verbunden, sodass der Aufbau auch hier organischer scheint als bei den etwas älteren, östlichen Kapellenfenstern. Das schlanke Kelchkapitell ist oberhalb des angespitzten Halsrings mit mehreren nahezu vollrunden Ästen geschmückt. Die Äste wachsen dabei von unten auf, gabeln sich und entsenden hier zunächst eine untere Blattreihe, um dann zum Teil hinter den Blättern bis zur Lippe des Kapitells zu reichen, wo sie nochmals Blätter ausbilden. Die einzelnen Blätter sind drei- bis fünffach gezackt, stark bewegt und stützen kaum mehr die Abschlusslippe des Kapitells. Darüber liegt eine oktogonale, im Querschnitt kleinere Deckplatte und noch eine zweite, wiederum etwas überlappende Deckplatte.

KATALOG-ABB. 20
Das mittlere Kapitell des westlichen Fenstergewändes
Das mittlere Kapitell des westlichen Fenstergewändes ist entsprechend dem im Vergleich zu den äußeren Stäben etwas schlankeren Birnstab wiederum selbst auch etwas schlanker. Das Kelchkapitell erhebt sich über einem leicht angespitzen Halsring und trägt über der weit vorkragenden Lippe wiederum eine gedoppelte Deckplatte. Der Dekor verzichtet hier nun auf eine untere Blattreihe. Vielmehr scheinen dem Kapitellkern etwa zwei Zentimeter über dem Halsring schlanke Blättchen zu entwachsen, die sich nach oben in fünf einzelne Blattlappen mit erhabenen Blattadern auffächern. So finden sich unterhalb der Lippe des Kapitells je drei asymmetrisch verwehte Blattlappen, die zum Teil tief unterschnitten sind. Die Steinmetzarbeit wirkt dramatisch bewegt. Reste einer blau-grünen Farbfassung sind vorhanden.

KATALOG-ABB. 21
Das westliche Kapitell des westlichen Fenstergewändes
Das westliche oder dritte und äußere Kapitell des westlichen Fenstergewändes zeigt dieselbe Struktur wie die beiden benachbarten Kapitelle. Es ist heute nahezu vollständig seines Dekors beraubt. Lediglich Spuren der S-förmig aufwachsenden, dem Kapitellkern aufgelegt erscheinenden Äste sind erhalten, fast alle Blätter sind abgebrochen. Seinem Charakter nach dürfte es jedoch den oben genannten Kapitellen entsprochen haben. Reste einer blau-grünen Farbfassung finden sich auch hier.

DIE EHEMALIGE BONIFATIUS-KAPELLE MIT FENSTER 5

Die ursprünglich dem Hl. Bonifatius geweihte Kapelle ist die sechste Kapelle von Osten und bildet heute das östliche Joch der Marien-Kapelle. Wie die nach Osten benachbarte ehemalige Lambertus- und die ehemalige Magnus-Kapelle ist auch das Fenster der ehemaligen Bonifatius-Kapelle mit einem reichen Maßwerk ausgestattet. Auch hier ist das Fenstergewände zusätzlich zum inneren, die erste Ordnung des Maßwerks konstituierenden Stab durch zwei weitere Stäbe bereichert, sodass sich entsprechend wiederum insgesamt sieben Kapitelle finden. Im Gegensatz zu den beiden östlich benachbarten Kapellen wird hier die Kapitellzone nicht in der inneren Kehle zur Fensteröffnung hin weitergeführt. Die Werksteine der Kapitell- und Kämpferzone sind im östlichen Fenstergewände dem originalen Bestand zuzurechnen. Die Kapitellzone im westlichen Fenstergewände ist ausgewechselt (das Original befindet sich im Dom- und Diözesanmuseum Mainz).

KATALOG-ABB. 22

Das östliche Kapitell des östlichen Gewändes

Die Kapitelle des östlichen Fenstergewändes entsprechen dem bisher üblichen Typus schlanker Kelchkapitelle, die über einem leicht angespitzten Halsring aufsteigen und am oberen Ende in einer schmalen Lippe auslaufen. Alle drei östlichen Kapitelle sind von starken Verwitterungserscheinungen geprägt. Die Deckplatten aller drei Kapitelle sind vollständig verschwunden. Das östliche Kapitell, also das erste auf dem nach außen hin sitzenden Stab, ist am stärksten betroffen, sodass es heute kaum mehr vorhanden ist. Nur wenige Reste zeugen noch vom üblichen Typus. Die wenigen Spuren deuten darauf hin, dass auch hier vom Halsring ausgehend durchlaufende, die Blätter tragende Äste vorhanden waren.

Die Kapitelle im Einzelnen

KATALOG-ABB. 23
Das mittlere Kapitell des östlichen Gewändes
Das mittlere Kapitell des östlichen Fenstergewändes ist ebenfalls stark verwittert – die Deckplatte fehlt vollständig –, wenngleich es in einem etwas besseren Erhaltungszustand ist als das östlich benachbarte Kapitell. Der Bestand zeigt, dass hier durchlaufende Äste einen unteren sowie einen oberen Blattkranz entsenden. So ähnelt der Dekor durchaus dem Dekor der Kapitelle im östlich benachbarten Fenster. Die Blätter sind nicht mehr zu identifizieren.

KATALOG-ABB. 24
Das westliche Kapitell des östlichen Gewändes
Das westliche und innere Kapitell des östlichen Fenstergewändes ist von den drei Kapitellen am besten erhalten, aber auch hier fehlt die Deckplatte gänzlich. Das schlanke Kelchkapitell mit leicht angespitztem Halsring – der noch weitgehend erhalten ist – ist mit S-förmig geschwungenen Ästen, die vom Halsring ausgehend nach oben wachsen, besetzt. Diese senden einen unteren Blattkranz aus und verbreitern sich schließlich unter der Deckplatte zu einzelnen, zumeist dreilappigen Blättern. Botanisch sind die Blätter heute nicht mehr zu bestimmen, doch ist ihre bewegte Kontur mit zum Teil kräftiger Unterschneidung der Blätter noch gut zu erkennen.

KATALOG-ABB. 25
Das Kapitell des mittleren Fensterpfostens
Das Kapitell des mittleren Fensterpfostens ist weitaus besser erhalten als die Kapitelle im östlichen Fenstergewände. Etwa einen Zentimeter oberhalb des Halsrings wachsen nahezu vollrunde Äste, die sich mehrfach aufgabeln, nach oben. Diesen Ästen entwachsen in verschiedene Richtungen herzförmige Blätter mit kräftiger Mittelader. Möglicherweise handelt es sich hier um Lindenblätter.

KATALOG-ABB. 26
Das östliche Kapitell des westlichen Fenstergewändes
Im westlichen Fenstergewände tritt nun ein völlig neuer Dekorationstypus auf: Der Dekor des östlichen und des mittleren Kapitells orientiert sich zwar noch am bekannten zweizonigen Aufbau, doch scheint der Kapitellkörper hier geradezu von Blattwerk überwuchert. Oberhalb des hier scharfgratig angespitzten Halsrings wachsen mehrere dicht an dicht liegende Stängel auf, die einen mehr oder weniger zusammenhängenden unteren Blattkranz bilden. Die Blätter sind drei- oder fünflappig und zeigen feine, gratige Blattadern. Aus dem unteren Blattkranz erwächst ein dichtes Geflecht an Stängeln mit entsprechenden Blättern, die sich unter die Lippe des Kapitells schmiegen. Die einzelnen Blätter des Dekors sind zum Teil stark bewegt und wirken sehr organisch – möglicherweise handelt es sich um Blätter des Feigenbaums. Im Unterschied zu den oben beschriebenen Kapitellen sind die Kapitelle hier weitaus tektonischer aufgefasst.

KATALOG-ABB. 27
Das mittlere Kapitell des westlichen Fenstergewändes
Das nun wieder dem geringeren Querschnitt des Birnstabs entsprechend schlankere Kelchkapitell auf dem mittleren Stab im westlichen Fenstergewände entspricht weitgehend seinem östlichen Nachbarn. Allerdings können hier kaum mehr Äste oder Stängel ausgemacht werden. Auch zwischen den beiden Blattreihen sind jetzt dem Kapitellkern kleinere Blättchen aufgelegt, die eng mit den Stängeln verwoben sind. Die einzelnen Blätter sind zusätzlich noch lebendiger, wozu die reiche Struktur der Blattadern noch beiträgt. Die Blätter des oberen Registers sind teilweise kräftig unterschnitten. Auch hierbei könnte es sich um die Blätter der Feige handeln.

KATALOG-ABB. 28
Das westliche Kapitell des westlichen Fenstergewändes
Beim westlichen, also dem außen im Gewände sitzenden Kapitell des westlichen Fenstergewändes, sind Halsring und Deckplatte stark von der Witterung beeinflusst und fast nicht mehr vorhanden. Der Dekor des Kapitells ist ein völlig anderer: Hier finden sich keinerlei Blattmotive mehr, vielmehr ist dem Kapitell eine figürliche Szene appliziert. Es handelt sich zum einen um das Fragment eines sich nach links wendenden Reiters. Sowohl die Beine des Pferdes als auch dessen Kopf sind zerstört. Die Brust des Tieres zeigt zugleich noch Reste von Mähne und Zaumzeug. Der Reiter ist mit dem unteren Teil des Kopfes sowie Schulter und Brustbereich erhalten. Der linke Arm ist abgebrochen. Der Reiter ist gegürtet und trägt an seiner linken Seite ein Schwert, dessen Scheide über ein Band am Gürtel befestigt ist. An einem ähnlichen Band hängt eine Tasche mit Bügel. Neben den Fragmenten von Tier und Reiter findet sich noch ein stark verwittertes Fragment einer zweiten, wohl knienden Figur. So kann die Figurengruppe trotz ihres fragmentarischen Zustands als Darstellung des Patrons des Mainzer Doms identifiziert werden: Der heilige Martin, der mit dem Bettler zu seinen Füßen seinen Mantel teilt. Es handelt sich um die einzige figürliche Darstellung in der Kapitellzone am Außenbau der Kapellen. Darüber hinaus sind nahezu vollplastisch gearbeitete Figuren oder Figurengruppen bei dieser Form der Kelchkapitelle allgemein sehr selten.

▼ Abb. 18
Mainz, Dom St. Martin und St. Stephan, ehem. Bonifatius-Kapelle, westliches Fenstergewände, Martinskapitell

DIE EHEMALIGE PETER-UND-PAUL-KAPELLE MIT FENSTER 4

Die ehemalige Peter-und-Paul-Kapelle ist die letzte der hochmittelalterlichen Kapellen. Es ist die siebte Kapelle am Nordseitenschiff. Ihr folgt nach Westen bis zum Marktportal des Doms noch ein Joch mit einem kleineren rundbogig geschlossenen Fenster. Sie bildet heute das westliche Joch der größeren Marien-Kapelle. Wiederum finden sich im Fenstergewände jeweils drei Stäbe, zwei äußere Stäbe mit rundem Querschnitt und ein mittlerer Birnstab, die sich um das gesamte Fenster herumziehen. Damit finden sich auch hier wieder insgesamt sieben, mit Laub besetzte Kelchkapitelle – jeweils drei in den beiden seitlichen Fenstergewänden und eines auf dem mittleren Fensterpfosten. Insgesamt sind die Kapitelle noch weitestgehend im originalen Bestand erhalten, wenngleich sie auch hier zum Teil stark verwittert sind. Im östlichen Fenstergewände sind heute nur noch zwei der ehemals drei Kapitelle vorhanden. Das Kapitell des mittleren Pfostens und die Kapitelle des westlichen Fenstergewändes sind erhalten. Es handelt sich um schlanke Kelchkapitelle mit Halsring. Über einem kurzen runden unteren Zylinder wachsen aus diesem jeweils drei Blattranken heraus, die entweder gewellt nach oben bis unterhalb der Deckplatte des Kapitells Blätter aussenden oder auf einem zweiten unteren Register schlanke, zumeist dreilappige Blätter besitzen. Beim Kapitell auf dem mittleren Fensterpfosten ist sogar eine dieser Blattranken von unten durchbohrt.

KATALOG-ABB. 29
Das östliche Kapitell des östlichen Gewändes

Das östliche und damit am äußeren Rand des Fenstergewändes liegende Kapitell des östlichen Fenstergewändes ist stark verwittert. Der Halsring und die Deckplatte sind, ebenso wie ein Großteil des Blattwerks zerstört. Die erhaltenen Fragmente legen den Schluss nahe, dass der Dekor mit einzelnen Ästen oberhalb des Halsrings ansetzt, die Äste S-förmig nach oben wachsen, auf halber Höhe dünne Stängel mit einzelnen Blättern ausbilden und unterhalb der Lippe des Kapitells sich zu Blättern verbreitern. Botanisch lassen sich die Blätter nicht mehr identifizieren.

KATALOG-ABB. 30
Das mittlere Kapitell des östlichen Gewändes
Das mittlere Kapitell des östlichen Fenstergewändes zeigt wieder einen neuen Dekortyp: Einem senkrecht nach oben laufenden Stängel entwachsen auf halber Höhe mehr oder weniger symmetrisch krause Eichenblätter, die den Kapitellkörper zu den Seiten hin verhüllen. Ein größeres, mittleres Blatt wölbt sich im oberen Drittel vor und schmiegt sich nach vorne fallend unter die Deckplatte. Eine ähnliche Anordnung haben auch die seitlichen Blätter unter der Deckplatte. Das gesamte Kapitell ist folglich mit krausem Eichenlaub überzogen, welches lediglich aus dem einen Stängel herauswächst.

OHNE ABBILDUNG
Das westliche Kapitell des östlichen Gewändes
Das westliche Kapitell des östlichen Fenstergewändes fehlt heute völlig, der Stein ist ausgewechselt.

Die Kapitelle im Einzelnen

KATALOG-ABB. 32
Das Kapitell des mittleren Fensterpfostens
Das schlanke Kelchkapitell, das den Stab des mittleren Fensterpfostens abschließt, zeigt wiederum Neuerungen im Dekor: Kleine, asymmetrisch mal nach links, mal nach rechts gedrehte Blätter entwachsen hier nicht einzelnen Ästen, die über dem Halsring ansetzen oder aus dem Kapitellkern sprießen, sondern setzen mit ihren Stängeln bei zwei, den Kapitellkern umziehenden schmalen Ringen ein. So findet sich hier zwar der schon bekannte Dekor mit Blättern in zwei voneinander getrennten Registern, doch scheint das wohl als Efeublätter zu identifizierende Laub hier einer umlaufenden Ringstruktur zu entwachsen.

KATALOG-ABB. 33
Das östliche Kapitell des westlichen Fenstergewändes
Das östliche, innere Kapitell des westlichen Fenstergewändes zeigt in zwei Registern übereinander angeordnetes Laub. Zwar findet sich auch hier eine den Kapitellkern in der Mitte umziehende Rispe, doch sind es auch wieder die einzelnen, einem jeden Blatt zugeordneten kleinen Ästchen. Den Blattstängeln entwachsen große, gewellte, zumeist drei- bis vierlappige, tief eingekerbte Blätter. Die Deckplatte ist gegenüber den oben beschriebenen Kapitellen ebenfalls modifiziert: Über dem Abschluss der weit vorspringenden oberen Blätter geht zunächst eine tiefe Einschnürung zum oktogonalen Abakus herüber, dessen unterer Teil von einem leicht gerundeten Plättchen begrenzt wird. Darüber schwingt eine parabelförmige Kehle zur eigentlichen Deckplatte vor, die dadurch an ihrer Unterseite unterschnitten ist. Sie erhält also im Unterschied zu den bisherigen Deckplatten die Form eines „Kaffgesimses", und ist wie ein solches außen angespitzt und dachförmig begrenzt.

KATALOG-ABB. 34
Das mittlere Kapitell des westlichen Fenstergewändes
Das mittlere Kapitell des westlichen Fenstergewändes entspricht im Aufbau des Dekors mit horizontalen, durch Blätter besetzten Ringen dem inneren Kapitell des östlichen Fenstergewändes. Das teilweise gewellte Laubwerk, das herzförmige Konturen und gratige Blattadern zeigt, ist eindeutig als Efeu zu identifizieren.

KATALOG-ABB. 35
Das westliche Kapitell des westlichen Fenstergewändes
Deckplatte und Aufbau des Dekors des westlichen, äußeren Kapitells im westlichen Fenstergewände entsprechen demjenigen des Kapitells des mittleren Fensterpfostens. Auch hier wachsen die Blätter aus kurzen, horizontal verlaufenden Ästchen heraus. Die Blattbüschel sind jeweils als gewellte Eichenblätter gestaltet.

ELMAR ALTWASSER
DIE STEINMETZZEICHEN

In der älteren Literatur[1] sind für die äußeren Fassaden der Nordkapellen nur wenige Steinmetzzeichen dokumentiert. Einleitend schreibt Kautzsch zu den von ihm aufgeführten Steinmetzzeichen: „Wir wollen nicht glauben machen, als ob unsere Zusammenstellung von Steinmetzzeichen auch nur annähernd vollständig wäre. Wollte man eine erschöpfende Übersicht über alle vorkommenden Zeichen erlangen, so müsste man den Dom ganz und gar einrüsten, innen wie außen."[2] Dies war nun bezüglich der Fassaden der Nordkapellen der Fall, und somit konnten die von ihm damals publizierten Zeichen entsprechend ergänzt werden. Für die älteren Kapellen gibt er lediglich drei von ihm ermittelte Zeichen an (Nummer 102–104),[3] nämlich ein E, Q und C. Auch Schneider teilt nur drei Zeichen mit,[4] nämlich E, B und Q. Bezüglich der westlichen Kapelle, der Marien-Kapelle, benennt Schneider keine weiteren Steinmetzzeichen, Kautzsch hingegen sechs unterschiedliche Varianten, die er im weitesten Sinne als „gotisch" einordnet.[5]

Insgesamt konnten im Rahmen der aktuellen Untersuchung 106 unterschiedliche Zeichen, Buchstabenfolgen, Inschriften mit Datierungen und nicht zu identifizierende Zeichen dokumentiert werden. Diese wurden im Maßstab 1:1 auf Folie durchgezeichnet und in einem Katalog mit Angaben zu ihrer Position an den einzelnen Architekturgliedern zusammengestellt. Dort, wo sie in den dem IBD zur Verfügung gestellten photogrammetrischen Plänen nicht dokumentiert waren, wurden sie im Maßstab 1:20 nachgetragen. Zwecks Auswertung wurden sie daraufhin auf Einzelblättern, bezogen auf die jeweiligen Positionen der Fenster Nummer 1–10 sowie der Pfeiler Nummer 0–10, zusammengestellt. Schließlich wurde eine Typologie der einzelnen Steinmetzzeichen erarbeitet. Dabei zeigte sich, dass in den zeitlich unterschiedlichen architektonischen Partien auch entsprechend unterschiedliche Typen und Gruppen von Steinmetzzeichen existieren.

Von den 106 dokumentierten Zeichen sind nicht alle als eigentliche Steinmetzzeichen zu werten. So sind mindestens zehn davon jüngere Inschriften, Buchstaben-Abfolgen oder Jahreszahlen. Diese werden im Folgenden zunächst benannt.

Bei Nr. 1 handelt es sich offensichtlich um die Buchstabenabfolge „MAP", also kein Steinmetzzeichen im eigentlichen Sinne. Nr. 31 ist wegen einer sekundären Störung nicht zu identifizieren. Bei Nr. 41 und Nr. 43 handelt es sich um Buchstabenfolgen mit jeweils einer Datierung: „ I M 1825" und „ J. F. 1825", letztere Inschrift in Verbindung mit einem modernen Steinmetzzeichen, welches sich an den traditionellen spätgotischen und frühneuzeitlichen Zeichen orientiert. Bei Nr. 45 handelt es sich um die Buchstabenabfolge „A M". Das große „P" von Nr. 48 dürfte ebenfalls kein ursprüngliches Steinmetzzeichen sein. Bei Nr. 53 handelt es sich eventuell um ein Versatzzeichen. Die ursprünglich zu der Marien-Kapelle gehörenden Steinmetzzeichen haben jedenfalls einen völlig anderen Charakter. Der Befund Nr. 76 ist möglicherweise auch lediglich als Buchstabenabfolge „DW" zu interpretieren. Auch das Zeichen Nr. 79 ist wegen teilweiser Zerstörung nicht mehr definitiv zu identifizieren, könnte jedoch zur Gruppe der jüngeren Steinmetzzeichen gehören. Bei den Befunden Nr. 99 und Nr. 104 handelt es sich um Datierungen, einmal die Jahreszahl „1739", zum anderen „1767", ein Datum, welches im Rahmen der barocken Umgestaltung der Fassade nach dem Brand des Doms in diesem Jahr entstanden ist. Bei allen anderen Zeichen handelt es sich demgegenüber im Wesentlichen um der Entstehungszeit entsprechende Steinmetzzeichen. Diese sind aufgrund ihrer Typologie in zwei unterschiedliche Gruppen zu unterteilen, jene nämlich, die an den östlichen Kapellen vorkommen und im Wesentlichen aus Buchstabenzeichen bestehen – sie entstanden in der Zeit zwischen 1279 und 1291 – und jene, die den standardisierten Typen des Spätmittelalters angehören und ausschließlich an der westlichen Kapelle zu finden sind, die in der Mitte der 90er Jahre des 15. Jahrhunderts errichtet wurde.

Die Steinmetzzeichen an den Werksteinen der sieben östlichen Kapellen

Zunächst seien die älteren Steinmetzzeichen dargestellt und analysiert. Diese befinden sich im Wesentlichen auf den Werksteinen der Mauerflächen, Pfeiler und profilierten Gewände der ersten drei östlichen Kapellen. Auffällig ist zunächst, dass ein Großteil dieser Steinmetzzeichen von Großbuchstaben (lateinischen Majuskeln) abgeleitet sind. Diese können in 15 unterschiedlichen Typen zusammengefasst werden. Sieben Typen von Steinmetzzeichen in diesen Bauabschnitten weichen demgegenüber von dieser Grundform ab (Typ 16–22).

Die von den Großbuchstaben abgeleiteten Steinmetzzeichen sind in der Tabelle in Anlehnung an die alphabetische Abfolge zusammengestellt. Typ 1 a , das „A" mit horizontalem Abdeckstrich oder winkelförmig abdeckenden horizontalen Strichen erscheint in Mainz zum Beispiel einmal im Bereich des Kreuzgangs (Kautzsch, Zeichen Nummer 299), aber auch in verschiedenen Varianten am Westbau des Doms vor allen Dingen in baulichen Zusammenhängen aus der ersten Hälfte des 13. Jahrhunderts. Diesem Zeichen zugeordnet haben wir Typ 1 b, der gewisse Ähnlichkeiten zum „A" hat, aber auch als der griechische Buchstabe „Pi" identifiziert werden könnte. Die umfangreichste Gruppe von Steinmetzzeichen stellt der Typ 2 dar, der in fünf Varianten den Buchstaben „B" modifiziert. Auch dieses Zeichen findet sich am Westbau des Doms wieder. Der Typ 3, ein halbkreisförmiges Gebilde, ist demgegenüber schwieriger einzuordnen. Es erscheint als einfache Einmeißelung oder in doppelter Kontur. Vergleichbare Zeichen sind am Dom selten. Nach den älteren Bestandsaufnahmen erscheinen ähnliche Zeichen vor allen Dingen an den erneuerten Teilen der Seitenschiffe, nämlich an einem Pfeiler des südlichen Seitenschiffs. In dieser Systematik wurde dieses Zeichen dem Buchstaben „C" zugeordnet, auch wenn es nicht unbedingt mit diesem identisch sein muss. Typ 4 wiederum ist eindeutig vom Buchstaben „E" abgeleitet und findet sich in unterschiedlichen Varianten vor allen Dingen an den Bauteilen des frühen 13. Jahrhunderts. Er konnte in unserem Zusammenhang zweimal dokumentiert werden. Die Typen 5 und 6 treten nur jeweils einmal auf. Typ 5 findet sich jedoch auch auf anderen Bauteilen des Doms aus der ersten Hälfte des 13. Jahrhunderts. Ob Typ 7, ein „K" mit kleinem Punkt dahinter, tatsächlich ein Steinmetzzeichen aus dem hier behandelten chronologischen Zusammenhang ist oder erst später eingemeißelt wurde, sei dahingestellt. Es findet sich ganz selten auch am Westbau des Doms. Typ 8, das „L" oder der „rechte Winkel", scheint sich in den älteren Zusammenhängen nicht zu finden, wohl aber bei spätgotischen Steinmetzzeichen. Die Steinmetzzeichen Typ 9 und Typ 10 finden sich ebenfalls in Zusammenhängen des 13. Jahrhunderts wieder. Die Zeichen vom Typ 11 a und Typ 11 b, die sich im weitesten Sinne von einem „Q" ableiten lassen, finden sich nur in dem hier behandelten baulichen Zusammenhang. Typ 12 kommt in verschiedenen Varianten wiederum bei Bauteilen der ersten Hälfte des 13. Jahrhunderts am Dom vor. Auch das winkelförmige Zeichen Typ 13 ist im 13. Jahrhundert weit verbreitet. Gleiches gilt für Typ 14 a, während das relativ kleine Zeichen Typ 14 b eher selten ist. Weit verbreitet hingegen ist Typ 15, abgeleitet vom „Z" oder auch als „Wolfsangel" bezeichnet, welches das gesamte 13. Jahrhundert hindurch und auch noch im beginnenden 14. Jahrhundert nicht nur am Mainzer Dom auftritt.

Während sich die bisher genannten Steinmetzzeichen durchaus in die typologische Entwicklung des letzten Viertels des 13. Jahrhunderts einreihen, stellen die letzten sieben Zeichen besondere Formen dar, von denen bei einigen nicht klar ist, ob sie tatsächlich bereits in den achtziger Jahren des 13. Jahrhunderts entstanden sind. Das Zeichen Typ 16, obwohl es nicht von einem Buchstabenzeichen abgeleitet ist, gehört auf jeden Fall in diesen chronologischen Zusammenhang, da es an der Basis einer der Fensterpfosten angebracht ist. Es handelt sich um einen senkrechten Stab mit Füßchen und Kopfbalken, der diagonal durchkreuzt ist. Demgegenüber ähnelt das Zeichen Typ 17, ebenfalls ein senkrechter Stab, nun aber kombiniert mit schrägen Beistrichen, eher den jüngeren Typen des Spätmittelalters, ebenso wie die Zeichen Typ 19 bis 22 eher den modernen Steinmetzzeichen ähneln.

Insgesamt fügen sich die dargestellten Steinmetzzeichen in die Entwicklung ihrer Typologie im Laufe des 13. Jahrhunderts ein, sie knüpfen an die spätromanisch-frühgotischen Zeichen an, wie sie zum Beispiel am Westbau des Doms bis Ende der Dreißigerjahre des 13. Jahrhunderts verwendet wurden, wobei hier jedoch noch etliche symbolische Zeichen sowie solche, die nicht von Buchstaben abgeleitet werden können, auftreten, während an den östlichen Nordkapellen fast ausschließlich Buchstabenzeichen Verwendung finden. Eine Tendenz, die sich nicht nur bei den Steinmetzzeichen, sondern auch bei den Abbundzeichen der Zimmerleute zeigt: Während zum Beispiel beim Dachwerk der Elisabeth-Kirche in Marburg bei den in der Mitte des 13. Jahrhunderts errichteten Partien noch mit Symbolzeichen gearbeitet wird, werden um 1300 bereits systematisierte Zahl-Zeichen in Form von römischen Zahlen oder additiven Strichbündeln verwendet. Bei den Steinmetzzeichen setzt diese Tendenz zu einer Systematisierung – und auch einer Abstrahierung in der Formgestaltung – ebenfalls um 1300 ein und mündet dann in der Entwicklung jener Zeichenformen, wie wir sie hier an der westlichen Marien-Kapelle finden, wo sämtliche Zeichen in der Regel aus einem senkrechten Hauptstrich bestehen, der, mit oder ohne Füßchen, durch weitere horizontale oder diagonale Beistriche bereichert wir . Damit kann auf recht einfache Weise eine Vielfalt von unterschiedlichen Zeichen kreiert werden.

Ein weiteres, für die Baugeschichte durchaus relevantes Phänomen zeigt sich über die pure Existenz dieser Zeichen hinaus an deren Lage im baulichen Zusammenhang. Fast sämtliche dokumentierten Zeichen tauchen lediglich an den Quadern der östlichen drei Kapellen auf, während die restlichen vier Kapellenfassaden fast keinerlei Steinmetzzeichen mehr zeigen. Abgesehen von dem weiter unten behandelten Wechsel vor allen Dingen in der Profilierung der Fenstergewände, weist bereits dieses Phänomen auf unterschiedliche Bauphasen hin: Bei denjenigen Bauteilen, auf deren Quadern die Steinmetzzeichen erscheinen, könnte dies ein Hinweis darauf sein, dass hier die Abrechnung der Steinmetze im Akkord erfolgte, während dies bei den vier westlichen Kapellen des älteren Bauabschnitts offensichtlich nicht mehr der Fall war, da die Quader hier keine individuellen Steinmetzzeichen mehr zeigen. Die Tatsache, dass in den östlichen Bauabschnitten auch nicht auf jedem Quader ein Zeichen vorhanden ist, ist ganz einfach dadurch zu erklären, dass die Steinmetzen ihre Zeichen nicht nur auf den Stirnseiten der Quader, sondern auch an den anderen geglätteten Flächen, etwa den Stoß- und Lagerflächen, eingemeißelt haben, sodass sie nach deren Versatz nicht mehr sichtbar sind. Immerhin zeigt die Anzahl der dokumentierten Steinmetzzeichen, dass über 15 unterschiedliche Kräfte an der Bearbeitung der Quader und der Gewändesteine der Fensterlaibungen tätig waren. Ein weiteres, für diesen hier behandelten Zeitraum charakteristisches Phänomen ist der Umstand, dass an den Kapitellen keines dieser Zeichen nachgewiesen werden konnte. Diese wurden offensichtlich als Spezialanfertigung von speziell geschulten Meistern nicht im Akkord, sondern gegebenenfalls nach Zeitaufwand als Einzelobjekte abgerechnet.

Die Steinmetzzeichen an der westlichen Marien-Kapelle
Ein ganz anderes Erscheinungsbild haben die Steinmetzzeichen auf den Quadern der jüngeren, in der Mitte des letzten Jahrzehnts des 15. Jahrhunderts errichteten Marien-Kapelle im Westen des nördlichen Seitenschiffs. Diese gehören zu der entwickelten, bereits oben angedeuteten Form, die die Steinmetzzeichen im Laufe des Spätmittelalters eingenommen haben. Auch hier lassen sich unterschiedliche Typen definieren, jedoch nicht ganz so systematisch wie bei den älteren Steinmetzzeichen.
Der Typ 1, der in sechs leicht variierenden Exemplaren auftritt, besteht aus einem senkrechten Hauptstrich, der um einen diagonalen, zusätzlichen Beistrich erweitert wird. In den meisten Fällen hat der senkrechte Strich ein Füßchen, sei es abgewinkelt oder geradlinig, während am Kopf des Balkens zumeist ein kurzes, schräg laufendes Fähnchen angesetzt ist. Die weitere Differenzierung erfolgt durch Häkchen oder Fähnchen an den Enden des Diagonalbalkens. So können die sechs in diese Gruppe aufgenommenen Zeichen durchaus auf drei Steinmetze aufgeteilt werden. Das Zeichen Typ 1 b könnte auch in diese Gruppe gehören, ist jedoch ein wenig „korrumpiert" und nicht eindeutig zu identifizieren. Anders ist dies bei Typ 2, der zwar bezüglich seines senkrechten Balkens aufgebaut ist wie Typ 1, dessen zusätzlicher Beistrich jedoch nur einseitig und nicht diagonal durchlaufend für die individuelle Charakterisierung sorgt. Auch Typ 3 basiert auf dem senkrechten Balken. Durch die an den Enden des Balkens anhängenden Beistriche, die wechselnd ausgerichtet sind, ist die Grundform eher von einem „Z" abgeleitet. Sehr charakteristisch und in sieben Varianten auftretend ist das Zeichen Typ 4, welches ganz schlicht aus einem fußlosen senkrechten Balken und einem diagonalen Anhängsel zusammengesetzt ist. Dieses Zeichen tritt einmal nach rechts weisend, zum anderen nach links weisend, also spiegelverkehrt, auf, was keineswegs darauf hinweisen muss, dass es sich um das Zeichen unterschiedlicher Steinmetzen handelt. Etwas komplizierter sind demgegenüber die Zeichen Typ 5 und Typ 6, die, auf ähnlicher Grundform basierend, mit einem Kreuz kombiniert sind. Bei Typ 7 bleibt unklar, ob es sich hierbei tatsächlich um ein Standardzeichen handelt: Hier ist bei diesem kleinen, gerade einmal 2 cm hohen Zeichen in der Mitte ein lateinisches Kreuz dargestellt, dessen unterer Balken von zwei parallelen kurzen Strichen begleitet ist. Normalerweise sind die unterschiedlichen „Striche" der Standardzeichen nicht voneinander abgesetzt, sondern mehr oder weniger kontinuierlich miteinander, beziehungsweise untereinander verbunden. Das ist hier nicht der Fall. Möglicherweise handelt es sich um ein Symbol für die Kreuzigung Christi, dessen aufragendes Kreuz von denen der beiden mit ihm Hingerichteten begleitet ist. Bei den Typen 8 bis 9 könnte es sich um nicht ganz vollendete oder später korrumpierte Zeichen handeln. Demgegenüber gehören die Zeichen Typ 10 bis 13 wieder den Grundtypen an, hier jedoch kombiniert mit einem „Knie" aus Beistrichen, die ein eckiges „P" bilden. Typ 14 ähnelt zwar den anderen, ist aber nicht eindeutig in die bisher dargestellte Typologie einzuordnen.
Abgesehen davon, dass diese Zeichen (auch über das bekannte Baudatum der Kapelle) in die zweite Hälfte des 15. Jahrhunderts typologisch eingeordnet werden können, gibt es weitere Parallelen am Dom selbst. So sind ähnliche Zeichen am gotischen Geschoss des westlichen Vierungsturms dokumentiert worden,[6] der zwischen 1480 und 1490 ausgebaut wurde, sowie an den jüngeren Teilen der Sakristei, einer Erweiterung des 16. Jahrhunderts, hier jedoch bereits in noch entwickelteren Formen,[7] während die nächste Generation der Steinmetzzeichen auf Basis der älteren Formen, nun mit füßchenartigen Verbreiterungen der jeweiligen Balkenenden, wie sie sich dann im Laufe des 16. Jahrhunderts entwickeln, an den erhaltenen Bauteilen der zum Zeitpunkt der Erstellung des Inventars von Kautzsch bereits abgerissenen Curie „Zum Stecken" noch dokumentiert werden konnten (Kautzsch Nummer 330–333).[8]

---

1 Schneider 1886 und Kautzsch/Neeb 1919. **2** Kautzsch/Neeb 1919, S. 506. **3** Kautzsch/Neeb 1919, S. 508. **4** Schneider 1886, S. LVII,*120 2. **5** Kautzsch/Neeb 1919, S. 508, Zeichen Nummer 105–110. **6** Kautzsch/Neeb 1919, Nummer 225–232. **7** Kautzsch/Neeb 1919, Nummer 233–269. **8** Kautzsch/Neeb 1919, Nummer 330–333.

Die Steinmetzzeichen

▶ **Abb. 1**
Mainz, Dom St. Martin und St. Stephan, nördliches Seitenschiff, Fenster 4 bis 10, Steinmetzzeichen sortiert nach Typen und (Größen-) Varianten

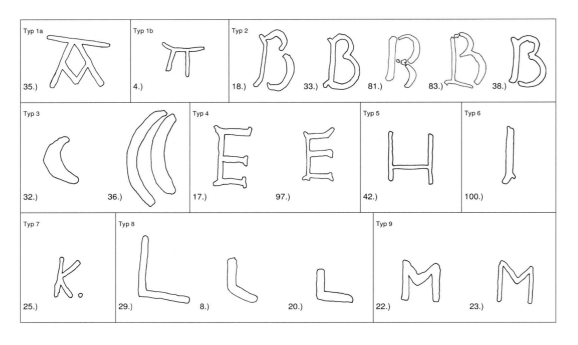

▶ **Abb. 2**
Mainz, Dom St. Martin und St. Stephan, nördliches Seitenschiff, Fenster 4 bis 10, Steinmetzzeichen sortiert nach Typen und (Größen-) Varianten

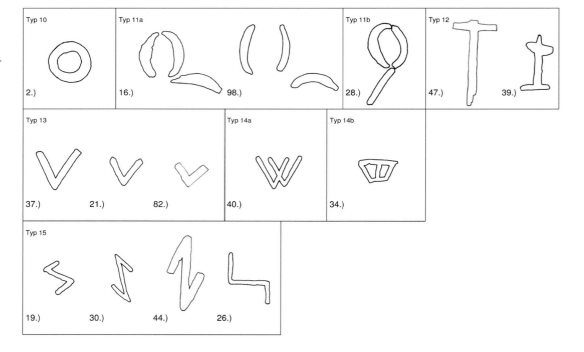

Die Steinmetzzeichen

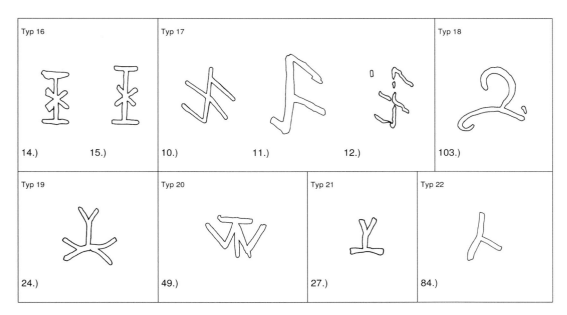

◂ **Abb. 3**
Mainz, Dom St. Martin und St. Stephan, nördliches Seitenschiff, Fenster 4 bis 10, Steinmetzzeichen sortiert nach Typen und (Größen-) Varianten

◂ **Abb. 4**
Mainz, Dom St. Martin und St. Stephan, nördliches Seitenschiff, Fenster 1 bis 2, Steinmetzzeichen sortiert nach Typen und (Größen-) Varianten

149

Die Steinmetzzeichen

▶ **Abb. 5**
Mainz, Dom St. Martin und St. Stephan, nördliches Seitenschiff, Fenster 1 bis 2, Steinmetzzeichen sortiert nach Typen und (Größen-) Varianten

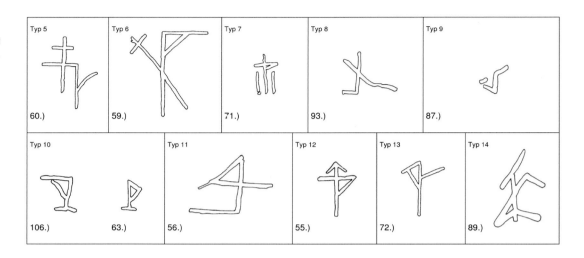

▶ **Abb. 6**
Mainz, Dom St. Martin und St. Stephan, nördliches Seitenschiff, Fenster 1 bis 2, Steinmetzzeichen sortiert nach Typen und (Größen-) Varianten

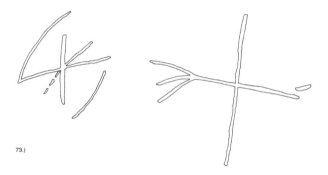

Die Originalpläne und der ausführliche Untersuchungsbericht liegen im Dombauamt vor.

Die Steinmetzzeichen

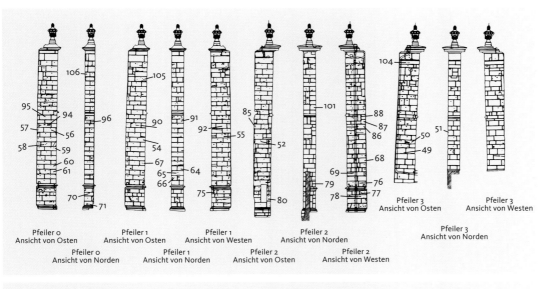
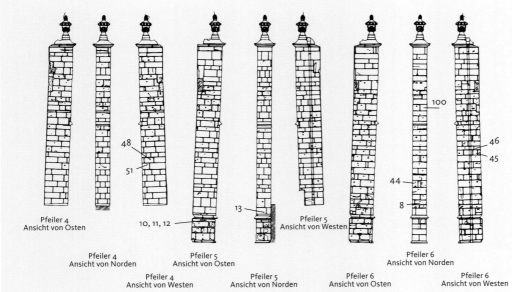
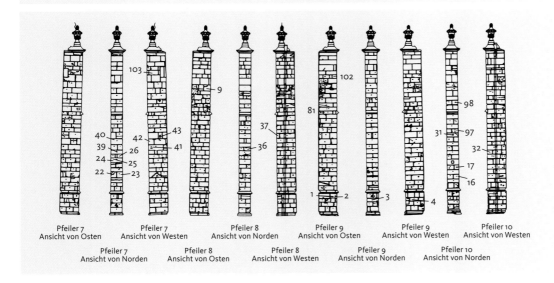

◄ **Abb. 7**
Mainz, Dom St. Martin und St. Stephan, nördliches Seitenschiff, Kartierung der Steinmetzzeichen und Inschriften auf den Strebepfeilern

Die Steinmetzzeichen

Die Steinmetzzeichen

▼ **Abb. 8**
Mainz, Dom St. Martin und St. Stephan, nördliches Seitenschiff, Kartierung der Steinmetzzeichen und Inschriften

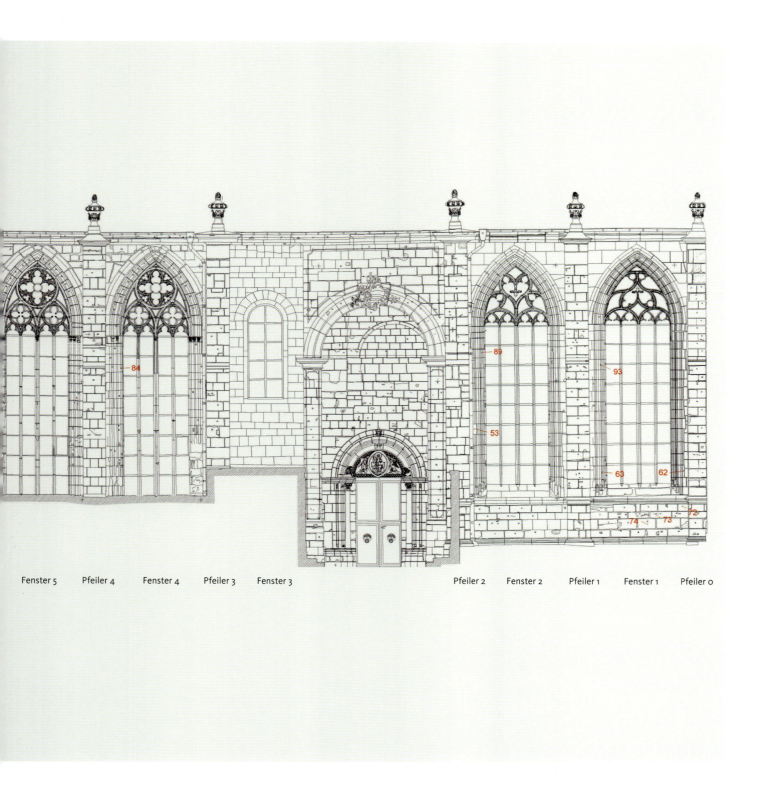

ANHANG
LITERATURVERZEICHNIS,
ABBILDUNGSNACHWEIS
UND IMPRESSUM

LITERATURVERZEICHNIS

Adamy 1889 – Adamy, Rudolf: Architektonik, Bd.II, 3. Architektonik des gotischen Stils, 1889.

Arens 1982 – Arens, Fritz: Der Dom zu Mainz, Darmstadt 1982.

Behling 1937 – Behling, Lottlisa: Das ungegenständliche Bauornament der Gotik, Versuch einer Geschichte des Maßwerks, Halle 1937.

Behling 1944 – Behling, Lottlisa: Gestalt und Geschichte des Maßwerks, Halle 1944.

Behling 1964 – Behling, Lottlisa: Die Pflanzenwelt der mittelalterlichen Kathedralen, Köln 1964.

Binding 1989 – Binding, Günter: Maßwerk, Darmstadt 1989.

Böker 2013 – Böker, Johann Josef/Brehm, Anne-Christine/Hanschke, Julian u.a.: Architektur der Gotik. Rheinlande. Ein Bestandskatalog der mittelalterlichen Architekturzeichnungen, Salzburg 2013.

Correspondenzblatt 1876, Nummer 11.

Decot 2011 – Decot, Rolf: Der Martinsdom in Mainz. Zeuge einer wechselvollen Geschichte, in: Der verschwundene Dom. Wahrnehmung und Wandel der Mainzer Kathedrale im Lauf der Jahrhunderte, Kat. Ausst. Bischöfl. Dom- und Diözesanmuseum Mainz 15. April bis 16. Oktober 2011, Mainz 2011, S. 22–43.

Dehio/Bezold 1884–1901 – Dehio, Georg/Bezold, Gustav von: Die kirchliche Baukunst des Abendlandes, II, Stuttgart 1884–1901.

Dengel-Wink 1990 – Dengel-Wink, Beate: Die ehemalige Liebfrauenkirche in Mainz, ein Beitrag zur Baukunst und Skulptur der Hochgotik am Mittelrhein und in Hessen, Mainz 1990.

Döpke 2004 – Döpke, Christine: Hochgotische Blattkapitelle um 1240 bis um 1300, in: Kapitelle des Mittelalters, herausgegeben von Uwe Lobbedey, 2004, S. 95–103.

Gessner 1935 – Gessner, Adolf: Die Entwicklung ces gotischen Kapitells in Südwest- und Westdeutschland im 13. Jahrhundert, Würzburg 1935.

Heinig 2000 I – Heinig, Paul-Joachim: Die Erzbischöfe Gerhard I., Wildgraf von Dhaun, (1251–1259) und Werner von Eppstein (1259–1284), in: Jürgensmeier Friedhelm (Hrsg.): Handbuch der Mainzer Kirchengeschichte, Band 1, Teil 1, Christliche Antike und Mittelalter, Würzburg 2000, S. 351–377.

Heinig 2000 II – Heinig, Paul-Joachim: Das Intermezzo eines Königsdieners: Erzbischof Heinrich II. aus Isny (1286–1288), in: Jürgensmeier Friedhelm (Hrsg.): Handbuch der Mainzer Kirchengeschichte, Band 1, Teil 1, Christliche Antike und Mittelalter, Würzburg 2000, S. 377–386.

Heinig 2000 III – Heinig, Paul-Joachim Kurfürstliche Hybris und Desaster: Erzbischof Gerhard II. von Eppstein (1288/89–1305), in: Jürgensmeier, Friedhelm (Hrsg.): Handbuch der Mainzer Kirchengeschichte, Band 1, Teil 1, Christliche Antike und Mittelalter, Würzburg 2000, S. 387–415.

Helten 2006 – Helten, Leonhard: Mittelalterliches Maßwerk, Entstehung – Syntax – Topologie, Berlin 2006.

IBD Bericht Elisabethkirche Marburg 2005 – Freies Institut für Bauforschung und Dokumentation e.V. (IBD): Untersuchungsbericht Elisabeth-Kirche Marburg, Gewölbe zwischen den Türmen, Ms. Marburg, November 2005.

IBD Bericht Dom Mainz 2014 – Freies Institut für Bauforschung und Dokumentation e.V. (IBD): Untersuchungsbericht Dom St. Martin zu Mainz, Nördliche Seitenschiffskapellen des Langhauses, Bauhistorische Untersuchung, Ms. Marburg, Juni 2014.

Jürgensmeier 1986 I – Jürgensmeier, Friedhelm (Hrsg.): Die Bischofskirche Sankt Martin zu Mainz, Frankfurt/M. 1986.

Jürgensmeier 1986 II – Jürgensmeier, Friedhelm: Reliquien im Mainzer Dom, in: Jürgensmeier, Friedhelm (Hrsg.): Die Bischofskirche Sankt Martin zu Mainz, Frankfurt/M. 1986, S. 33–57.

Kautzsch/Neeb 1919 – Kautzsch, Rudolf/Neeb, Ernst: Die Kunstdenkmäler im Freistaat Hessen, Provinz Rheinhessen, Stadt und Kreis Mainz, Bd. 2, Der Dom, Darmstadt 1919.

Kayser 2012 – Kayser, Christian: Die Baukonstruktion gotischer Fenstermaßwerke in Mitteleuropa, Petersberg 2012.

Klein/Langenbrinck 1991 – Klein, Ulrich/Langenbrinck, Max: Das Dachwerk über dem Mittelschiff der Marburger Elisabeth-Kirche, in: Berichte zur Haus- und Bauforschung 1, Marburg 1991, S. 139–154.

Kunze 1928 – Kunze, Hans: Die gotischen Seiten-Kapellen des Mainzer Domes. In: Mainzer Journal Nr. 175 vom 28. Juli 1928.

Kunze 1939 – Kunze, Hans: Der Stand unseres Wissens um die Baugeschichte des Straßburger Münsters, ein Rückblick und Ausblick zur 500-Jahrfeier seiner Vollendung, Elsaß-Lothringisches Jahrbuch, Bd. XVIII, Frankfurt 1939, S. 63–115.

Lobbedey 2004 – Lobbedey, Uwe: Kapitele des Mittelalters, Münster 2004.

Lüpnitz 1997 – Lüpnitz, Maren: Der mittelalterliche Ringanker in den Chor-Obergadenfenstern des Kölner Domes, in: Kölner Domblatt 62, 1997, S. 65–84.

Lüpnitz 2011 – Lüpnitz, Maren: Die Chorobergeschosse des Kölner Domes, Beobachtungen zur mittelalterlichen Bauabfolge und Bautechnik (Forschungen zum Kölner Dom Band 3), Köln 2011.

Mathy 1986 – Mathy, Helmut: Der Mainzer Dombrand von 1767, in: Jürgensmeier, Friedhelm (Hrsg.): Die Bischofskirche Sankt Martin zu Mainz, Frankfurt/M. 1986, S. 68–72.

Muth / Krausch (Hrsg.) 2010 – Muth, Gerhard / Krausch, Georg (Hrsg.), Hädler, Emil / Winterfeld, Dethard von / Naegele, Isabel (Red.): Dom-Rekonstruktionen, Hochschule Mainz 2010 (Forum, Sonderausgabe 1).

Offermann 1932 – Offermann, Rudolf: Die Entwicklung des gotischen Fensters am Mittelrhein im 13. und 14. Jahrhundert, Wiesbaden 1932.

Reber 2000 – Reber, Horst: Kirchenbau und Kirchenausstattung, in: Jürgensmeier, Friedhelm (Hrsg.): Handbuch der Mainzer Kirchengeschichte, Band 1, Teil 2, Christliche Antike und Mittelalter, Würzburg 2000, S. 970–994.

Redtenbacher 1872 – Redtenbacher, Rudolf: Beiträge zur Kenntnis der Architektur des Mittelalters in Deutschland; Originalaufnahmen größtenteils noch nicht veröffentlichter Architekturmotive von Denkmälern deutscher Baukunst, Karlsruhe 1872.

Roth 1990 – Roth, Hans Joachim: Die bauplastischen Pflanzendarstellungen des Mittelalters im Kölner Dom. Eine botanische Bestandsaufnahme unter Berücksichtigung auswärtiger Architekturplastik und sonstiger Kunstgattungen, Frankfurt/M. 1990 (Europäische Hochschulschriften, Reihe 28, Bd. 117).

Roth 1992 – Roth, Hans Joachim: Pflanzendarstellungen in der mittelalterlichen Plastik, in: Kölner Domblatt 57, 1992, S. 303–305.

Rüth (Hrsg.) o.J. – Rüth, Georg (Hrsg.): Sicherungsarbeiten am Mainzer Dom, Amöneburg o.J.

Schneider 1886 – Schneider, Friedrich: Der Dom zu Mainz. Geschichte und Beschreibung des Baues und seiner Wiederherstellung, Berlin 1886.

Schürenberg 1934 – Schürenberg, Lisa: Die kirchliche Baukunst in Frankreich zwischen 1270 und 1380, Berlin 1934.

Schütz 1982 – Schütz, Bernhard: Die Katharinenkirche in Oppenheim, Berlin/New York 1982.

Schurr 2007 – Schurr, Marc Carel: Gotische Architektur im mittleren Europa 1220–1340, München/Berlin 2007.

Sebald 1990 – Sebald, Eduard: Die Baugeschichte der Stiftskirche St. Marien in Wetzlar, Worms 1990.

Seeliger 1962 – Seeliger, Hartmut: Die Stadtkirche in Friedberg in Hessen – Ein Beitrag zur Geschichte der gotischen Baukunst in Hessen und am Mittelrhein, Darmstadt 1962.

Spengler 1987 – Spengler, Johannes: Der Kurmainzer Architekt Johann Valentin Anton Thomann 1695–1777, München/Berlin 1987.

Steinmann 2003 – Steinmann, Marc: Die Westfassade des Kölner Doms. Der mittelalterliche Fassadenplan F, Köln 2003.

Steinmann 2014 – Steinmann, Marc: Die mittelalterlichen Planzeichnungen des Kölner Domes. Zum Versuch einer Spätdatierung im Corpuswerk der mittelalterlichen Architekturzeichnungen, in: Kölner Domblatt (Jahrbuch des Zentral-Dombau-Vereins), Köln 2014, S. 295–303.

Stockinger 1986 – Stockinger, Jakob: Der Mainzer Dom. Bau- und Arbeitsbericht des Dombauamtes und der Dombauhütte 1977–1985, in: Jürgensmeier, Friedhelm (Hrsg.): Die Bischofskirche Sankt Martin zu Mainz, Frankfurt/M. 1986, S. 98–106.

Strickhausen 2001 – Strickhausen, Gerd: Die Elisabeth-Kirche in Marburg – Kirche des Deutschen Ordens, in: Forschungen zur Burgen und Schlössern, Bd. 6, Burgen kirchlicher Bauherren, München/Berlin 2001, S. 139–156.

Vetterlein 1902 – Vetterlein, Ernst: Das Auftreten der Gotik am Dom zu Mainz, Straßburg 1902.

Von Winterfeld 1986 – Winterfeld, Dethard von: Das Langhaus des Mainzer Domes. Baugeschichtliche Überlegungen, in: Friedhelm Jürgensmeier (Hrsg.), Die Bischofskirche Sankt Martin zu Mainz, Frankfurt/M. 1986, S. 224–238.

Von Winterfeld 2000 – Winterfeld, Dethard von: Die Kaiserdome Speyer, Mainz, Worms und ihr romanisches Umland, Regensburg 2000.

Von Winterfeld 2011 – Winterfeld, Dethard von: Zur Baugeschichte des Mainzer Domes, in: Der verschwundene Dom. Wahrnehmung und Wandel der Mainzer Kathedrale im Lauf der Jahrhunderte, Kat. Ausst. Bischöfl. Dom- und Diözesanmuseum Mainz 15. April bis 16. Oktober 2011, Mainz 2011, S. 44–97.

Weigert 1936 – Weigert, Hans: Das Kapitell in der deutschen Baukunst des Mittelalters, Zeitschrift für Kunstgeschichte 5, Berlin/Leipzig 1936, S. 103–124.

Weigert 1948 – Weigert, Hans: Beitrag „Blattkapitell", in: Reallexikon zur deutschen Kunstgeschichte, Bd. 2, Stuttgart 1948, Sp. 855–867.

ABBILDUNGSNACHWEIS

Köln	© Hohe Domkirche Köln, Dombauhütte Köln: S. 80/81, S. 90
Mainz	Bischöfliches Dom- und Diözesanmuseum Mainz: S. 17, S. 21, S. 23
Mainz	Dombauamt Mainz Fotos (Marcel Schawe): S. 34/35, S. 49, S. 51, S. 54, S. 57, S. 60, S. 62–66, S. 70, S. 71, S. 74, S. 85–89, S. 98, S. 119, S. 138/139, Beilage Planmaterial (gbvd): S. 12/13, Beilage Rekonstruktionsvorschlag (Tobias Janz): Beilage
Mainz	Generaldirektion Kulturelles Erbe Rheinland-Pfalz, © Direktion Landesmuseum (Ursula Rudischer): S. 25, S. 40/41, S. 47, S. 73
Mainz	Stadtarchiv Mainz: S. 24, S. 28, S. 78
Mainz	Stiftung Hoher Dom zu Mainz (Martin Blume und Bernd Radtke): S. 14, S. 18, S. 19, S. 22, S. 29, S. 52, S. 68
Marburg	© Bildarchiv Foto Marburg: S. 84, S. 91, S. 93, S. 96
Marburg	Freies Institut für Bauforschung und Dokumentation e. V. (IBD): Planmaterial: S. 58, S. 59, S. 61, S. 63, S. 67, S. 75, S. 82, S. 83 Zeichnungen (Elmar Altwasser): S. 104, S. 106–116 Fotoarbeiten Kapitele: S. 120–137, S. 140–143 Aufnahme Steinmetzzeichen: S. 148–153
Straßburg	© Documentation / Photothèque des Musées de Strasbourg: S. 92
Wiesbaden	(Birgit Kita): S. 76
Internetdownloads	https://upload.wikimedia.org/wikipedia/commons/4/4d/Mainz_Luftbild_-_Dom_&_Leichhof_2008 (Wolfgang Pehlemann Wiesbaden Germany): S. 11 https://www.swr.de/-/id=16129898/property=full/width=1408/height=792/pubVersion=2/5l2ae6/Mainzer%20Dom.jpg: S. 16 https://commons.wikimedia.org/w/index.php?curid=10389299: S. 77 Emily Marie Wilson/Shutterstock: S. 94
Reproduktionen	Mainz. Fotografische Erinnerungen 1845–1945, Bd. 2 (S. 187): S.26/27. Arens, Fritz Viktor: Eine neugefundene Ansicht des Mainzer Doms, in: Mainzer Almanach (1957), S. 57–70: S. 79.